Genshi BOOKS 言視BOOKS

増補改訂版

アニメに学ぶ心理学

『千と千尋の神隠し』を読む

愛甲修子
aikou shuko

言視舎

はじめに

日本のアニメが世界へと広がり、子どもからお年寄りまで多くの人たちに親しまれるようになって数十年が経過した今、私たちはそれぞれの国の言葉に翻訳された日本のアニメ作品を諸外国でも目にするようになった。

その日本アニメの代表作のひとつ、『千と千尋の神隠し』は、宮崎駿氏によるアニメ映画作品である。

本作品は、主人公の千尋が両親と神隠しの世界に入り込むところから物語が始まっている。「神隠し」とは、「子どもなどが急にゆくえ知れずになること。古来、天狗や山の神のしわざとした」(広辞苑)とあるが、**筆者は、千尋が入り込んだ神隠しの世界を読み解くことで、思春期の子どもの心の世界が見えてくると考えている。**思春期は目に見えない世界であり、子どもが自分の変化を否が応でも受け入れなければならない時期にあたっていることから、神隠しの世界を思春期の世界と捉え直してみることで、その不思議の世界の謎が解かれていくことになる。

私たちの生活は、狩猟採集時代とは比べものにならないくらい便利になり、森や林、海や川などの自然界とは切り離されても飢えに苦しむことなく暮らしていけるようになった。このことはあまりにもあたりまえなので、ふだんほとんど意識することがないが、このような便利な時代を生きられるようになったのは、人類史上では驚くほど最近のことである。

猿の先祖と人類の先祖が枝分かれしたのが今からおよそ700万年前、農耕開始が1万年前、電気の発明が130年前、テレビの放映開始が60年前、インターネットの使用開始が30年前、携帯電話が使われ始めたのはつい15年前のことである。

狩猟採集時代や農耕時代、子どもと大人は同じ居住空間で暮らし、衣食住を共にしていたことから生活の場と仕事場が同じだった。子どもは大人の真似をすることで仕事を自然に身につけていった。子どもは生き残るため早期に一人前になるよう求められ、思春期を足早に通り抜けて大人になっていった。

その後、英国で産業革命が起こり、大人は家の外に働きに出るようになる。家庭と仕事場が分断され、子どもが親の働く姿を見る機会は減っていった。

農業や水産業や林業などの第一次産業が盛んだった時代、思春期は比較的短くてすんだ。それは第一次産業というものづくりの仕事は、一人前の大人の定義を明確にするからである。**現代日本社会は、第三次産業が中心となっていることから、必然的に思春期が遷延化することになる。**人間相手のサービス業の場合は、成果が目に見えづらいこと、また、第三次産業自体が大人の定義をあいまいにしてしまう作用を伴っていることが要因としてあげられよう。未開社会では成人式（イニシエーション）を終えた子どもは、自他ともに大人として認められるのに対し、先進諸国では成人式を終えても、子どもが一人前の大人として認められるようになるまでにかなりの時間を要するといった、思春期の長期化現象が起きている。

子どもから大人になる狭間に存在する思春期。思春期は、子どもでもない大人でもないモラトリアム（猶予）期間であると同時に、社会での立ち位置が定まらない不安定な時期にあたっている。また思春期はそれまでやり残してきた発達課題を自力でクリアしていかなければならない修業の時代でもあるのだ。

改訂版「はじめに」

このたび『アニメに学ぶ心理学『千と千尋の神隠し』を読む』が5年ぶりに改訂されることになった。

筆者は、大学で青年心理学をはじめ、発達心理学、感情・人格心理学、保育心理学、心理学的支援法などの講義を行なうなかで、現象学という哲学の考え方を応用して、アニメ作品を読み解く作業を続けてきている。

これまで、**青年心理学**では**『千と千尋の神隠し』**と**『ハウルの動く城』**を、**感情・人格心理学**では**『もののけ姫』**と**『天空の城ラピュタ』**を、**発達心理学**では**『となりのトトロ』**と**『風の谷のナウシカ』**を、**保育心理学**では**『崖の上のポニョ』**を、**心理学的支援法**では**『魔女の宅急便』**を読み解いてきた。

『千と千尋の神隠し』については、後に譲ることとして、他のアニメ作品について、以下、簡単に触れておこう。

『ハウルの動く城』は、イギリスのダイアナ・ウィン・ジョーンズ（Diana Wynne Jones）が書いた"Houl's Moving Castle"『魔法使いハウルと火の悪魔』西村醇子邦訳を、宮崎駿がアニメ化した作品である。

ハウルは、魔法の力で美しさをキープしているプレイボーイである。悪魔に心を渡す代わりに強大な魔法の力を手に入れ、自分のためだけに魔法を使ってきた。ソフィーは、亡父親が残した帽子屋の長女で、継母の下でお針子としてただ働きをさせられていた。ハウルと空を散歩したことに嫉妬した荒れ地の魔女によって90歳の老婆へと姿を変えられたソフィーだったが、その後、家出をし、ハウルと火の悪魔カルシファーが住む動く城に住み込んで、自分本来の力を発揮するようになる。ハウルは、ソフィーの掃除・洗濯・料理などの日々のケアのおかげで、相手を思いやる心を知るようになり、二人は真の愛を育んでいく。

火の悪魔とハウルの契約の秘密を知ったソフィーによって、ハウルは心を取り戻し、二人は新しい家族と共に生活していくことになる。本作品を通して、恋愛と結婚の心理について学ぶ。

『もののけ姫』は、戦国時代の日本社会が時代背景にある宮崎駿によるアニメ作品である。

タタリ神からタタリをもらってしまった東の国に住む青年アシタカは、生まれ育った故郷に別れを告げ、『自己を探す旅』に出る。自然神が住む西の国の森で出会った少女サンは、犬神モロに育てられた女の子だったが、自分は山犬だと信じて疑わなかった。鉄製造で強大な権力を握ったエボシは、天朝様の勅命を受け、シシ神（自然神）殺しを図る。筆者が感情・人格心理学で本作品を読み解こうと考えた主な理由は、人格や感情の成長というものが、多様な価値観と出会い、苦労を重ねながらも各々と折り合い統合していく営みであると捉えているからだ。憎しみと折り合い、相手を許し、人々と協調しつつ力強く生きていくにはどうしたらよいかを教えてくれる作品が『もののけ姫』なのである。

『天空の城ラピュタ』は、ラピュタ王の子孫シータが、パズーの支えで、地球の大気圏内を周るラピュタを訪れ、世界を支配しようと企てるムスカを滅ぼし、地球を救う物語である。

シータの家系は先祖から音声言語（おまじない）を受け継ぎ、ムスカの家系は文字言語（古文書）を受け継いできた。本作品では、音声言語と文字言語がシータとムスカの人格や感情の発達にどのような影響を与えたかを明らかにすると同時に、自己実現とは何かについて読み解いていく。ラピュタの大樹は、根をラピュタ内に張り巡らせることで水を貯え、多くの動植物が生息できる世界を作った。一方、攻撃用ロボットが収納されている底の部分は、冷酷なムスカそのものといってもよく、世界征服のために作られた人工物だった。『天空の城ラピュタ』の登場人物たちにはそれぞれ夢があり、夢に向かって進んでいく姿が、我々に勇気と希望を与えてくれる。

『となりのトトロ』は、中川李枝子著『となりのトトロ』を宮崎駿がアニメ化した作品である。

主人公はサツキとメイ（五月）ちゃんの二人。子どもにとって大切な母親の雰囲気が物語全体を包み込んでおり、二人をしっかり守ってくれている。心理学では、大樹は母性の象徴とされるが、『となりのトトロ』には、大樹の化身トトロや大樹の赤ちゃんであるどんぐりが登場する。トトロやネコバスは姉妹にしか見えないが、それは、赤ちゃん返り（退行）が精神発達上、重要な意味を持つことを意味している。『となりのトトロ』は、こころの土台を形成する時期に、たとえ母親が不在であっても、ファンタジーを共有し、見守ってもらうことで、子どもは育っていけることを教えてくれる作品である。

『風の谷のナウシカ』は、今から1000年後の地球が舞台となっている宮崎駿のアニメ作品である。

主人公ナウシカは、風の谷の王ジルの娘だが、彼女の母親や兄姉たちは、腐海の毒で亡くなっている。ナウシカは、時代・社会・文化で当たり前とされている常識を疑い、独自に腐海の謎を解く研究を続けている。そして、ついに腐海が生まれた理由が汚染された土にあることに気がつく。腐海を焼き払うことでしか、人類が生き延びる道はないと考えられていた時代に、ナウシカひとりだけが、人類と腐海生物との共存の道を探し続けていた。ナウシカは、微かな音を感知し、雰囲気を察知する感覚過敏の持ち主だが、その能力を生かすことで、腐海生物と交信したり、蟲笛で蟲たちの精神を落ち着かせたり、風を読んで空を自由に飛ぶことができた。ナウシカが命をかけて風の谷の人々を守るに至った経緯を読み解くことは、人間のこころの不思議を解明するうえで大きなヒントを与えてくれる。

『崖の上のポニョ』は、もとは人間だった父親と海の女神との間に生まれた女の子である。父親は海洋汚染など地球環境の悪化に心を痛めており、化学物質がいっさいなかった太古の地球を希求し、研究を続けている。ポニョは元々魚だったが、後に人間の女の子になる。人間は、受胎後、受精卵から魚類、両生類、爬虫類、ほ乳類へと進化の過程をたどり、最後に胎児になることが知られている。ポニョは魚だった時、ソウスケと出会い、ソウスケの血をなめて人間になる力を得たことで、人間を忌み嫌う父親の反対を押し切って家出をする。その後、ソウスケと彼の母親と生活を共にするようになり、人間の子どもの幼児期を生きるようになる。両親からソウスケに託されたポニョは、真の人間になることができる。本作品を読み解くことで、胎児期・乳児期・幼児期のこころの発達について学ぶ。

『魔女の宅急便』は、角野栄子著『魔女の宅急便』を宮崎駿がアニメ化した作品である。

主人公キキは、13歳の女の子。一人前の魔女になるため、満月の晩、黒猫ジジと共に母親のほうきに乗って故郷をあとにする。海の見える町に降り立ったキキは、そこで出会ったパン屋のオソノさんの好意で、住まいと食事を提供してもらい、宅急便の仕事を始める。最初の仕事で、お客から預かった猫のぬいぐるみを森の中に落としてしまったが、ジジや画家のウルスラの協力により、無事、危機を脱出することができる。その後、ジジと意思疎通がとれなくなったり、空を飛ぶことができなくなったりと、思春期特有の困難を経験することになるが、ボーイフレンドのトンボを救うため、借り物のデッキブラシで空を飛び、救出に成功する。そういったキキの活躍によって、町中の人たちから一人前の魔女として認められるようになり、魔女の修業が終わる。子どもから大人になる過程で、『話を聴いてもらうこと』、『悩むこと』、『主体性を身につけること』、『自他を信頼すること』の大切さを教えてくれる作品が、『魔女の宅急便』なのである。

『千と千尋の神隠し』を読む

今、世界中で新型コロナウイルスが猛威を振るい、感染の拡大が続いている。過去にも人類はウイルスや細菌などによる、さまざまな感染症の脅威にさらされ克服してきた。新型コロナウイルスについても、近いうちにワクチンが開発され、ウイルス拡大は食い止められることになるはずである。

ウイルスや細菌のように外からやってくる敵に対して、人類は英知を結集して克服してきたわけだが、思春期のように内からやってくる得体のしれない強大な力に対しては、無力であるといっても過言ではあるまい。

『千と千尋の神隠し』の主人公千尋は、トンネルに入る前までは、児童期を生きていた。児童期は、まだ自己を他者の目で客観的に見ることはできない時期であり、スイスの精神医学者ユング（Jung,C. G; 1875 - 1961）は、『児童期は問題のない時期である。なぜならば、まだ自己を思いわずらうことができないからだ』と説明している。

思春期（青年期）は、たとえ身体的には成熟していても、心理社会的には宙ぶらりんの中途半端な時期にあたる。心と体の不均衡からくる不安定さに加え、自我を統合し、社会における自分の位置づけを確固たるものにしていくという発達課題の達成についてもまた、容易なことではない。

思春期に入ると二次反抗期が始まり、親や教師など身近にいる大人の考え方や価値観に対して徐々に対立的になっていく。思春期の子どもにとって、親は知人には見せたくない恥ずかしい存在として感じられるようになり、親子関係よりも友人関係に精神的安定を求め、悩みの相談相手も、母親よりも友だちを選ぶようになっていく。

千尋が入り込んだ不思議の世界を思春期（青年期）の世界と仮定することで、思春期への理解が一層深まることに筆者は気づき、青年心理学の観点で読み解くことを思い立った。

不思議の世界の住人たちがそうであったように、アイデンティティの確立への行程は、主体性の構築に加えて、発達段階の欠落部分を埋めていく修業と捉えることができよう。思春期に入ると、それまでやり残してきた発達課題を達成するために、無意識のうちに己と社会とのバランスをとろうとする自己治療が始まる。

思春期（青年期）の病理の多くは、アイデンティティの危機をきっかけに生じると言われており、周囲からのサポートやホールディング（心理的に抱えてもらうこと）が得られれば、たとえ一時的な危機に陥ったとしても乗り越えることができるとされている。

今回『千と千尋の神隠し』で読み解こうとしている思春期（青年期）が、子どもと大人の狭間として認識されるようになったのは、ようやく20世紀に入ってからのことだった。13歳の男子が『自分は大人である』と自他ともに認めていた時代は、そう昔のことではない。20世紀の初期では、16歳になると多くの若者が労働者となっていた。そういったことを鑑みると、『青年期』という概念の誕生は、20世紀以降と捉えることができよう。１００年前と比べて青年期の期間が大変長くなっている現在、身体的にはもう『子どもではない』、しかし心理的にはまだ『大人になっていない』時期が長くなっている。

アメリカの心理学者エリクソン（Erik Homburger Erikson: 1902 - 94）は、思春期（青年期）をほとんどの若者が『アイデンティティの危機』に直面する時期としてとらえ、同一性拡散や否定的同一性などといったアイデンティティの病理を通して青年期の危機を理解した。そして自我が発達していくうえでは、必然的にこうした危機に直面せざるを得ないと述べている。

思春期は、それまでの発達過程がかりに順調であったとしても、若者のだれしもが大なり小なり葛藤や問題に直面する時期なのだ。エリクソンによると、それぞれの発達段階には達成すべき発達課題があって、発達課題が達成されていないと、次の段階に進むことが難しくなり、心理社会的危機に陥るとしている。

千尋やハク、坊やカオナシがどのようにアイデンティティの危機を脱し、大人への道を歩んでいくことになるのか、不思議の世界の意味や、登場人物の役割などについて理解しつつ、本書を楽しみながら読み進めていっていただけると幸いである。

［増補改訂版］アニメに学ぶ心理学――『千と千尋の神隠し』を読む　目次

第1章 思春期は不思議の世界

トンネルは思春期の入口

〈物語の読解〉

『千と千尋の神隠し』の主人公、荻野千尋（おぎのちひろ）は10歳の女の子である。彼女はちょうど思春期の入り口にさしかかっているが、両親も本人もそのことに気づいていない。

物語は、新しい家に引っ越しをする途中から始まっている。友だちからもらったお別れの花束を握り締めながら、父親が運転する車の後部座席に千尋は座っている。転校予定の小学校にあっかんべーをし、新生活に対して後ろ向きの姿勢を露わにする。

車が右折した先は小さな鳥居や八百万の神さまたちが住む石の祠が点在する森だった。父親は車が四駆であることをいいことに、山道を猛スピードで走っていく。行き止まりに前と後ろを向いた二つの顔を持つ不気味な石像があり、危うく衝突しかかる。父親が車を下りると赤いモルタル製でできた「屋㊥湯」と書かれたトンネルがある。母親が車の中から父親に戻るよう呼びかけるが、「ちょっと行ってみない」とトンネルの中に入るよう二人を誘う。「ここはいやだ、戻ろう」と嫌がる千尋を無視して、「おいで、平気だよ」と父親は母親と一緒にトンネルの中へ入っていってしまう。「行かない」と頑張っていた千尋だったが、不安になって両親の後を追っていく。

トンネル内を千尋は母親の腕にしがみつきながら歩く。「足元に気をつけな」と父親、「そんなにくっつかないで、歩きにくいわ」と母親。トンネルを出ると、そこはベンチのある人気のない待合室のような部屋で、遠くのほうから電車が走る音が聞こえてくる。建物の外には朽ち果てた家々が点在する草原が続いていて、父親はそれらをテーマパークの残骸だと説明する。建物の外壁は入口と同じ赤いモルタル製でできており、壁の上部には古びた時計と「楽復」と書かれた看板がかかっていた。

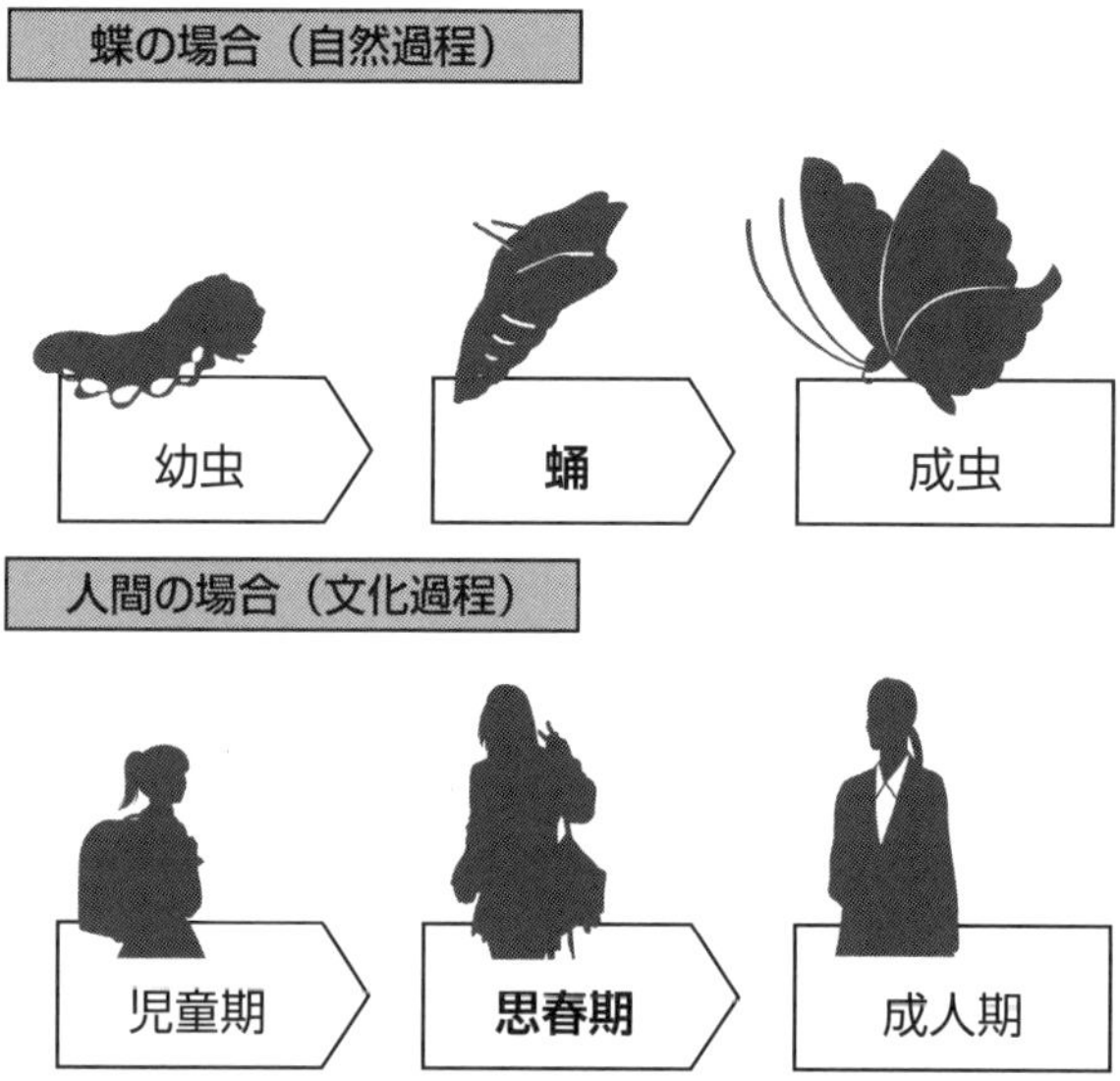

図１　思春期とは何か

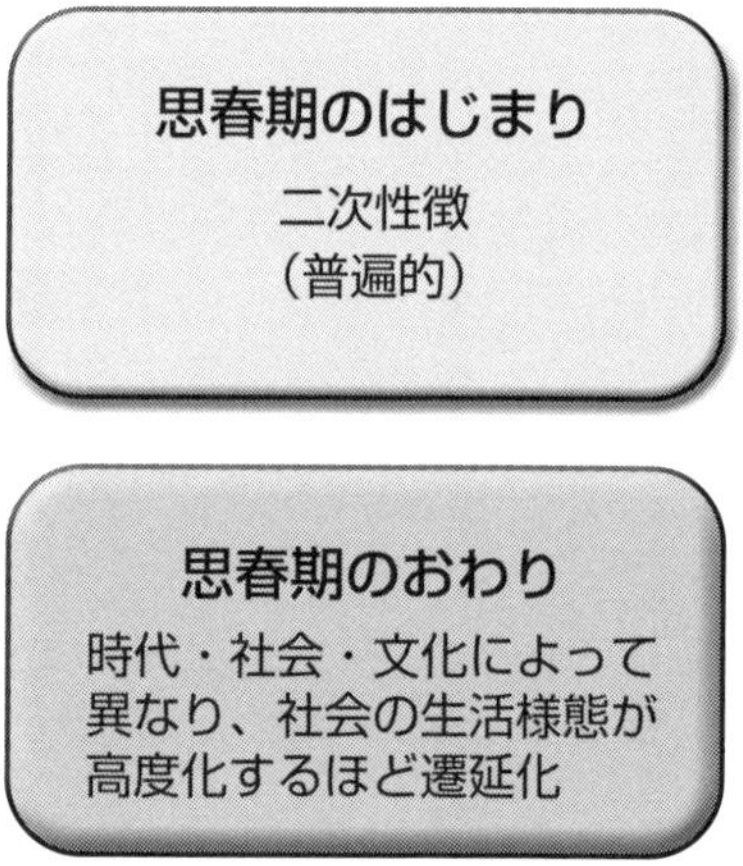

図２　思春期のはじまりとおわり

トンネルは思春期の入口

思春期は、それまで変わらないと思っていた体が変化する変動の時期である。男の子は声変わりや精通が始まり、女の子は胸がふくらみ月経が始まる。体の変化については、二次性徴とも言われ、誰の目にも明らかであるが、**こころの変化については目に見えないため**、**「神隠し」＝「不思議の世界」**での、できごととなる。

『千と千尋の神隠し』の世界は、まさに思春期の世界そのものであり、そこでは、子どもから大人になるための準備が開始される。

蝶にはさなぎの発達段階があるが、これは生物学的な自然過程であって、人間の思春期は社会文化的な精神発達過程である。

千尋がトンネルに入るのをためらったのは、思春期の世界に入ることに対する不安からだったのだろう。父親の車が急停車した先に二つの顔がついた石像があるが、思春期を迎える子どもが自己（内面）を見つめる目と、外界（他者）を見つめる目の両方を持つ必要があることを暗示している。トンネルの入口には「屋(油)湯」という看板があり、壁が赤いモルタル製であることから、不思議の世界はトンネルの入口からすでに始まっていたと考えられる。車が迷い込んだ森の入口の鳥居は人間が住む俗界と神さまが住む神域とを区画する結界とされていて、神域への入口を示すものである。また、千尋親子が入り込んだトンネルの他に2つのトンネル出口があるが、それは神社にお参りする際に、神さまが通る正道と人間が通る左右の玉砂利の道とに分かれているのと同じ意味を持っている。

人気のない待合室を出た千尋親子が目にした風景は、朽ち果てた廃墟が点在する丘稜だった。親子はその先の小川を渡ることになるが、思春期が子どもの過去と未来をつなぐ中間地点にあたることから、古（いにしえ・過去）の象徴としての八百万の神さまたちが船を待つ待合室を通り過ぎて小川を渡ることが、過去（子ども時代）と未来（大人時代）とを隔てる思春期の世界そのものに入り込んだことを意味している。

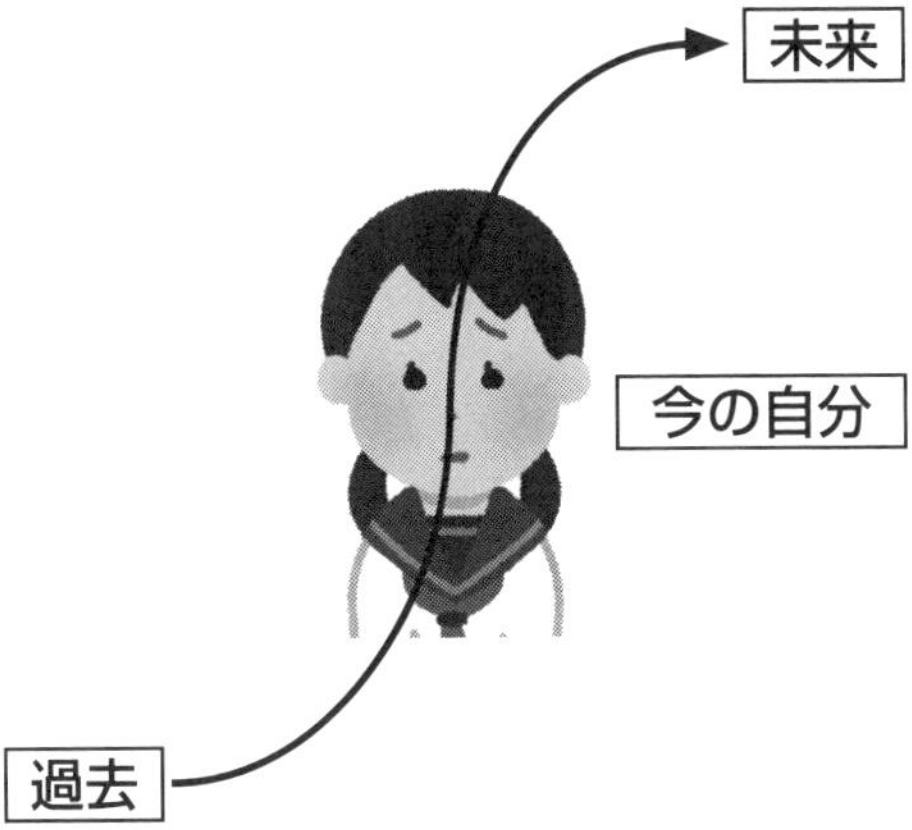

図３　思春期の発達課題

Q&A

〈質問〉神さまたちが住む石の祠とは何ですか。

〈回答〉日本人の祖先はありとあらゆる自然物に神さまが宿っていると信じ、八百万の神さまを崇拝してきました。『千と千尋の神隠し』に登場する八百万の神さまたちが住む石の祠は、日本中の至る所にあって、神さまが住む家だとされています。

〈質問〉千尋はどうしてトンネルに入るのを嫌がったのですか。

〈回答〉トンネルは風を吸いこみ風鳴りがしていて大きな不安を感じたからです。思春期は子どもがそれまで経験したことのない体も心も大きく変化していく世界です。千尋がトンネル内（不思議の世界）に入るのを嫌がったのは、思春期を迎えるすべての子どもに共通した不安だったのでしょう。

〈質問〉トンネルの入口の壁が赤いモルタル製なのはなぜですか。

〈回答〉思春期は、子どもから大人になる途中に存在する不思議の世界です。日本人には、お宮参りや七五三や成人式など、人生の節目に神社にお参りに行く習慣があります。森の入口には、神域に入る門である鳥居があり、トンネルの入口の壁が赤いモルタル製なのは、不思議の世界が神社と同じような意味合いを持っていたと考えることができます。

〈質問〉文字が左右逆に書かれているのはなぜですか。

〈回答〉日本の文字が左から右に書かれるようになったのは、１９４０（昭和15）年頃だとされています。それ以前の文字は、右から左に書くのが一般的でした。「千と千尋の神隠し」は古（いにしえ）の世界です。旧字体が使われているのは、不思議の世界が古の世界を象徴しているからです。

第2章 反抗期

両親は豚になった

〈物語の読解〉

草原には小川が流れているが、両親は千尋に手をかさずにどんどん先に行ってしまう。

岩にしがみつきながらようやく一人で小川を渡りきる千尋。そこがテーマパークの跡地だと信じて疑わない父親が美味しそうな匂いに気づいて食堂を探し始める。人気のない街には「め」、「三千眼」、「生あります」、「肉」、「骨」などと書かれた店が並んでいる。匂いの元の食堂を見つけ出して中に入っていく両親が千尋を誘う。千尋は首を横に振って入ろうとしない。

食堂には店員がおらず、「帰ろう、お店の人に怒られるよ」と千尋は訴えるが、両親は千尋の忠告を無視して料理を食べ始めてしまう。「美味しいよ」と母親、「大丈夫、お父さんがついているんだから、カードも財布も持っているし」と父親。

千尋は店を出て、一人通りを歩いていく。通りの先にあった階段を上ると、赤い灯篭と松の木の奥に、煙突から煙が出ている湯屋と書かれた建物がそびえ建っている。千尋が橋の欄干によじ登り下を見ると、驚いたことに電車が走っている。千尋が欄干から降りると、古風な服装をした不思議な少年が駆け寄ってきて、「ここへ来てはいけない、すぐ戻れ。じきに夜になる。その前に早く戻れ。川の向こうへ走れ」とわけのわからないことを言う。意味がわからないまま、千尋は階段を下りて走っていくと食堂街には次々と灯りがともり、不気味な影たちが歩きまわる夜の街へと変貌する。

先ほどの食堂に戻ると、そこにはガツガツ食べ物を食べ続けている両親の姿があった。「お父さん帰ろう」

と父親の背中をゆすると、父親は豚に変わっていた。店の者が父豚を棒で叩くと、口から泡を吹いて椅子から転げ落ちる。両親が豚に変わってしまったことに動転した千尋は、悲鳴をあげながらその場から立ち去る。

思春期（青年期）

変容するもの	変化
① 身体	二次性徴
② 関係性	縦関係（親子関係）から 横関係（仲間関係）へ
③ 価値観	幼児期；親の価値観 学童期；親の価値観＞仲間の価値観 青年期；親の価値観＜仲間の価値観⇒自己の価値観 成人期；自己の価値観≒親の価値観・仲間の価値観・社会の価値観

図４　思春期における心身の変容

思春期における反抗期の意味

思春期、子どもは親に反抗するようになる。第二次反抗期である。第一次反抗期が3歳～4歳頃の幼児期の自我の芽生えだとすると、第二次反抗期は、親の価値観を否定することで自己（アイデンティティ）の確立を目指すものとなる。

トンネルに入る前までの千尋は、優柔不断な子どもだったが、親が豚になった今、親に頼らずに主体的に生きていくしかなくなった。千尋に残された道は、親を人間に戻し、不思議の世界から出て行くことである。**子どもは第二次反抗期を迎えることで、「時・所・位」といった羅針盤を自分の内側に形成していくことになる。**大人になるということは、生きている時代・社会・文化に即しながら、自分の立ち位置を確認しつつ、主体的に生きていくことを意味するからだ。

これまでの生活世界が引っ越しによって大きく変わろうとしている千尋。不思議の世界に迷い込んだのもちょうどそのような時期だった。千尋が慣れ親しんだ子ども時代は過ぎ去り、これまで経験したことのない思春期の世界に入ろうとしている。
不思議の世界では、働かない者、社会ルールが守れない者は動物にされてしまう。湯バーバに支配されている湯屋は、八百万の神さまたちが心身を癒しに来る神聖な場所であると同時に嗜癖的世界でもある。

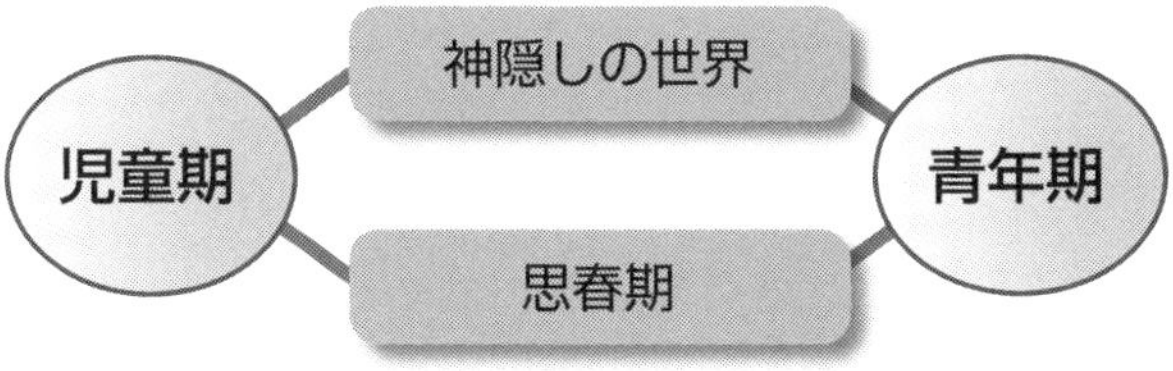

図５　神隠しの世界と思春期

Q&A

〈質問〉千尋の両親はどうして豚にされてしまったのですか。

〈回答〉不思議の国では、働かない者・あいさつができない者・契約を守らない者は動物にされてしまいます。千尋の両親は年齢的には大人ですが、精神的に未熟なため、社会ルールを守ることができていません。そのため二人は豚にされてしまいました。

〈質問〉千尋は両親からすすめられたのにどうして食べものを食べなかったのですか。

〈回答〉千尋は思春期に入りかけているので、親の反社会的行為に対して「ノー」が言える発達段階に達していました。そのため、親の言いなりにならずにすみました。

〈質問〉不思議な少年ハクは、なぜ千尋に「夜になる前に戻れ」と言ったのでしょうか。

〈回答〉ハクは千尋のことを小さい頃から知っていました。夜になると小川は海に変わり、千尋は子どもの時代に戻ることができなくなります。不思議の世界に迷い込んだ千尋に対して、千尋が子どものままでいられるよう、ハクは「夜になる前に戻れ」と言ったのでしょう。

第3章 思春期を受け入れることの意味

不思議の世界の食べものを食べないと消えてしまう

〈物語の読解〉

食堂街は、影たちが歩き回る不気味な夜の街に変わっていた。「お父さん、お母さん」と両親を探し続ける千尋。ようやく小川があった場所までたどりついて、渡ろうとすると、驚いたことに小川は海に変わっていた。

向こう岸には灯がともり、「め（目）」や「法」などの文字の店が立ち並んでいる。不思議な気持ちで千尋が海のほうを見ていると、八百万の神さまたちが乗った船がこちら岸に到着しようとしている。八百万の神さまたちが船から降りる姿を目の当たりにして、千尋は「夢だ、夢だ」とほおを叩いてみるが、痛みがあるので、これはどうも夢ではなさそうだ。

そうこうしている間に千尋の手は透き通り、八百万の神さまたちの姿が手のひらから透けて見えるようになる。怖くなった千尋が岸から離れて建物の裏にうずくまっていると、そこに先ほど橋の所で会った少年が駆け寄ってきて、千尋の背中を優しく抱き、「こわがるな、私はそなたの味方だ」と語りかける。千尋が伸ばした腕が少年の体を通り抜けたことから、千尋は自分の体が消えかかっていることを理解する。

「口を開けて、これを早く。この世界のものを食べないとそなたは消えてしまう」と少年が口に入れてくれた食べ物を無理やり呑み込む千尋。「いい子だ、もう大丈夫、さわってごらん」と言われて少年の手のひらに触れると、今度は通り抜けずにさわることができた。

「お父さんとお母さんはどこ？　豚なんかになってな

いよね」と千尋が聞くと、「いまは無理だが、必ず会えるよ」と少年は答える。

自己が拡散する思春期：体が透ける意味とは

不思議の世界では、現実には目に見えない八百万の神様が見えるようになる。「目」や「法」などの文字が出てくるのは、思春期の課題である自己を見つめる「目」、体の変化を受け入れる「目」、外界と内界を

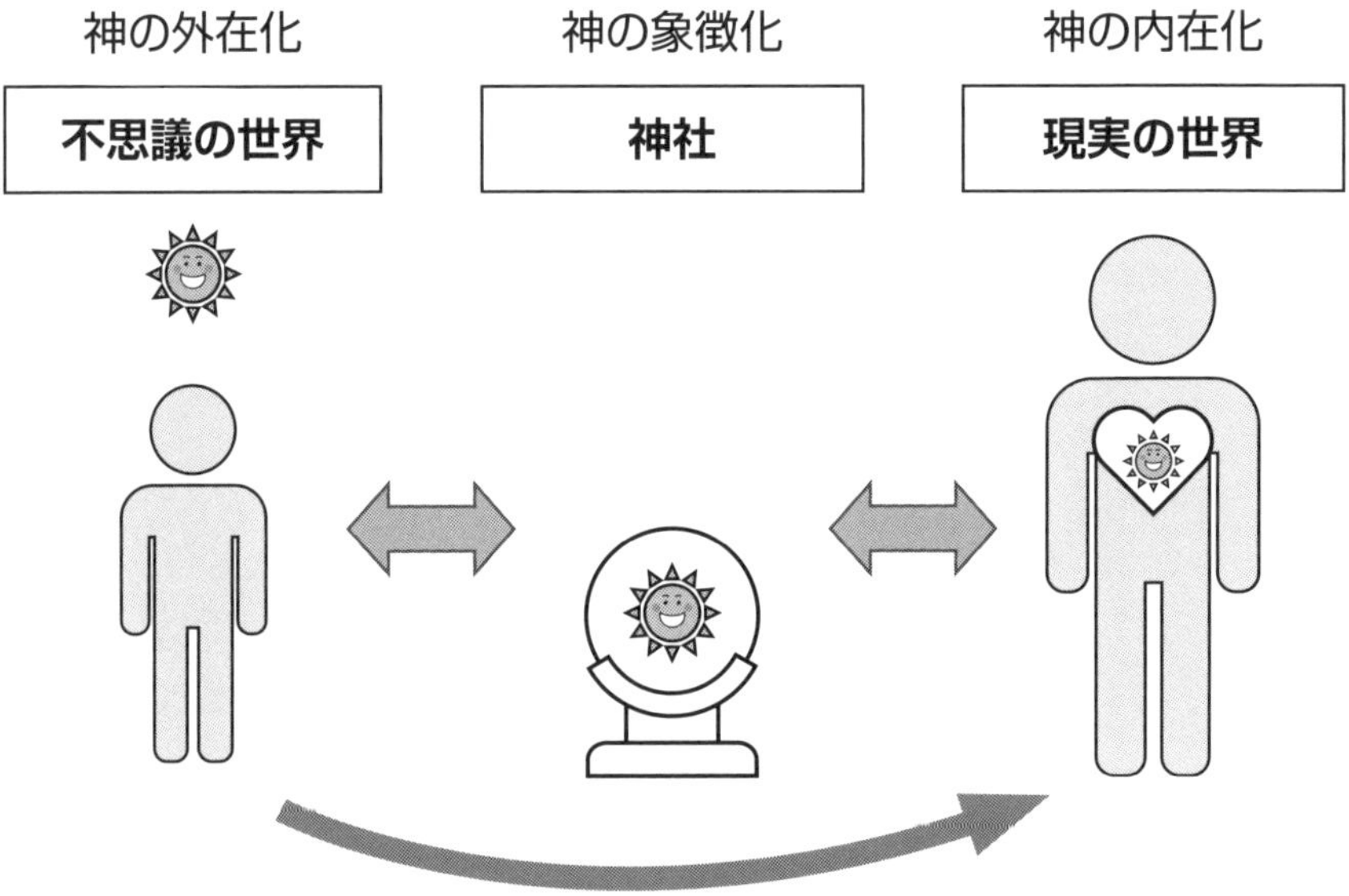

図６　八百万の神さまと日本人

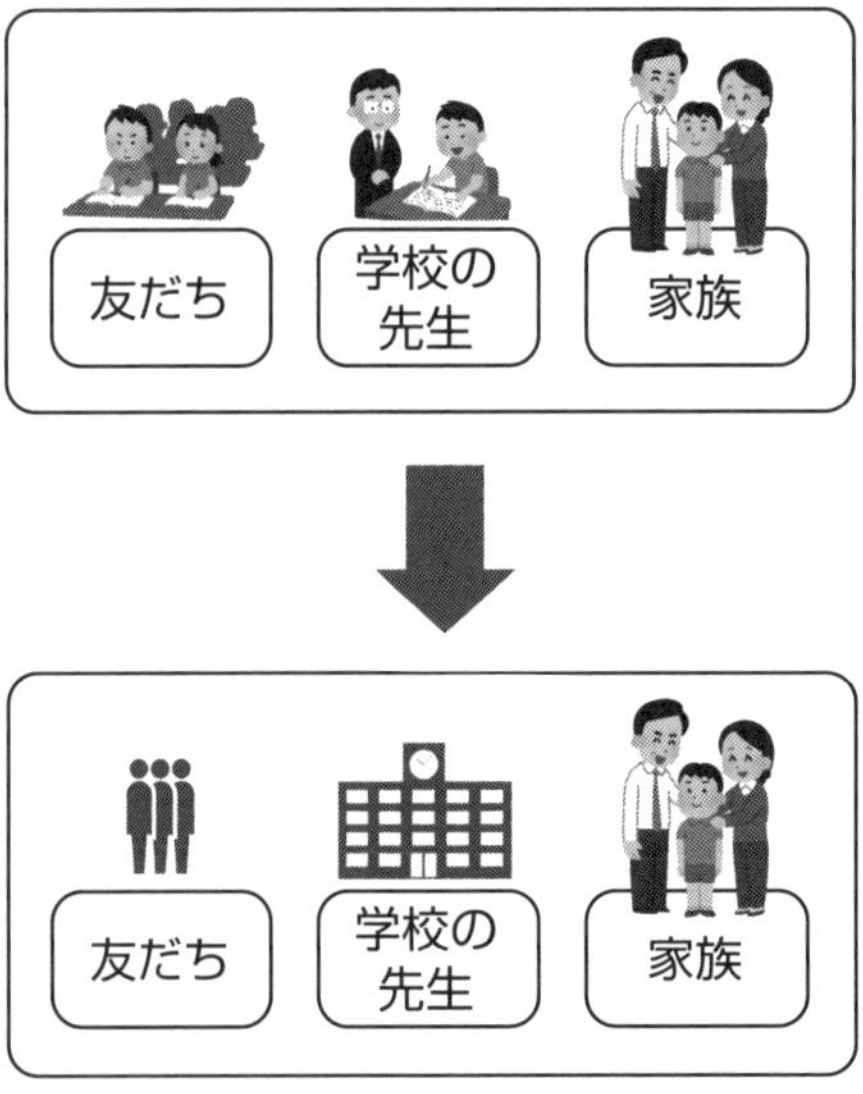

図７　子どもにとっての引っ越し

見つめる「目」、社会ルールの「法」を遵守する「目」を持つことで、心身ともに大人になっていくことを意味している。

Q&A

〈質問〉不思議の世界の食べものを食べないと消えてしまうのはなぜですか。

〈回答〉思春期は体が大人へと変化していく二次性徴の時期です。男の子は男性の体に、女の子は女性の体に変化していきます。不思議の世界の食べものを食べることは、思春期を受け入れることでもあることから、子どもから大人への変化を受け入れ、大人としての役割を担っていく準備を始めることを意味します。思春期を受け入れないまま生きていくと、不思議の世界には入れない（体が消える）ことから、自己の確立が困難となります。

〈質問〉千尋の体が透けたのは何故ですか。

〈回答〉不思議の世界（＝思春期）で見えるものは、現実の世界では見えないものです。日本古来の神々（八百万の神：やおよろずの神）が不思議の世界に入ると目に見えるようになるのは、思春期が〝神と対話する（自己と向きあう）〟時期だからです。自己と向きあえない人（不思議の国の食べ物を食べない者）は、この世界に入る資格がありません。だから体は透けて消えてしまいます。

〈質問〉不思議な少年が千尋に夜になる前に戻れと言ったのは、どうしてですか。

〈回答〉夜になると草原が海に変わって、もとの世界に戻れなくなるからです。

〈質問〉不思議な少年が千尋を探しに来たのはなぜですか。

〈回答〉千尋がもとの世界に戻れたかどうか確認しに来ました。

第4章

八百万の神様がやってくる世界

草原はなぜ海に変わったのか

〈物語の読解〉

立ち上がれない千尋のひざに少年が手を当て呪文を唱えると、不思議なことに千尋の足は動くようになる。少年に手を引かれ「立ち入り禁止」の八百万の神さまたちの食材が貯蔵されている部屋を走り抜け、湯屋の入口へとつながる橋に出る千尋。

少年から「橋を渡るあいだ息をしてはいけない、息をすると店の者に気づかれてしまう」と忠告されて、千尋は八百万の神さまたちに紛れて橋を渡り始める。もう少しで橋を渡り切れると思ったところに青ガエルが飛び出してきて「ハクさま、どこに行っておった」と口を開いたことで、千尋は思わず息を吐いてしまう。そこで術がとけて千尋が油屋に紛れ込んだことを湯屋の従業員たちに気づかれてしまう。

すばやく二人は裏木戸から湯屋の庭へと入り込み、少年は千尋の額に手を当てて、不思議の世界で生きのびる方法について教える。「騒ぎがしずまったら裏のくぐり戸から出られる。外の階段を一番下まで降りるんだ。そこにボイラー室の入口がある。火をたく所だ。中にカマジイという人がいる。カマジイに会うんだ。その人にここで働きたいって頼むんだ。断られても、ねばるんだよ。ここでは、仕事を持たない者は湯バーバに動物にされてしまう」と伝える。

千尋が湯バーバについて聞くと、「会えばすぐにわかる。ここを支配している魔女だ。イヤとか帰りたいとか言わせるようにしむけてくるけど、働きたいとだけ言うんだ。つらくても耐えて機会を待つんだよ。そうすれば、湯バーバも手が出せない。忘れないで、私は千尋の味方だからね」と少年は告げる。
千尋が「どうして私の名を知っているの？」と聞くと、「そなたの小さい時から知っている。私の名はハクだ」と不思議な少年は答え、縁側の窓を開けて建物の中へと消える。

図８　受胎後に母胎内で生じる受精卵の変化

八百万の神さまたちがやってくる世界：生命の誕生と太古の海

不思議の世界は神社と同じような意味を持つ神聖な場所であり、そこには八百万の神さまたちが疲れを癒しにやってくるお湯屋がある。日本には八百万の神さまと呼ばれるたくさんの神さまたちがいて、神社は神さまがいるところとされている。

日本人は、神社や鳥居を見ると、そこに何かしらの神様が祀られていることを意識するようだ。自分は無宗教だと認識している日本人は多いが、八百万の神さまとの結びつきを思うと、どうも無宗教ではなさそうだ。日本では、お盆に先祖のお墓参りをし、大晦日に年越しそばを食べ、お正月に神社に初詣でをし、家を建てる時には地鎮祭をするのが一般である。

図８は子どもが丈夫に育つようにと、神社にお参りにいく例をあげたが、これはほんの一例に過ぎない。日本人は、山の神、海の神、風の神、太陽神など自然界の八百万の神さまの存在を先祖代々受け継いできており、どうも無意識のうちに信じているようであ

る。『千と千尋の神隠し』には、お面を付けた春日様（かすがさま）、千尋を湯バーバの所まで案内してくれた大根の神様おしらさま、おなまさま、牛のような角を生やした牛鬼（うしおに）などが登場する。

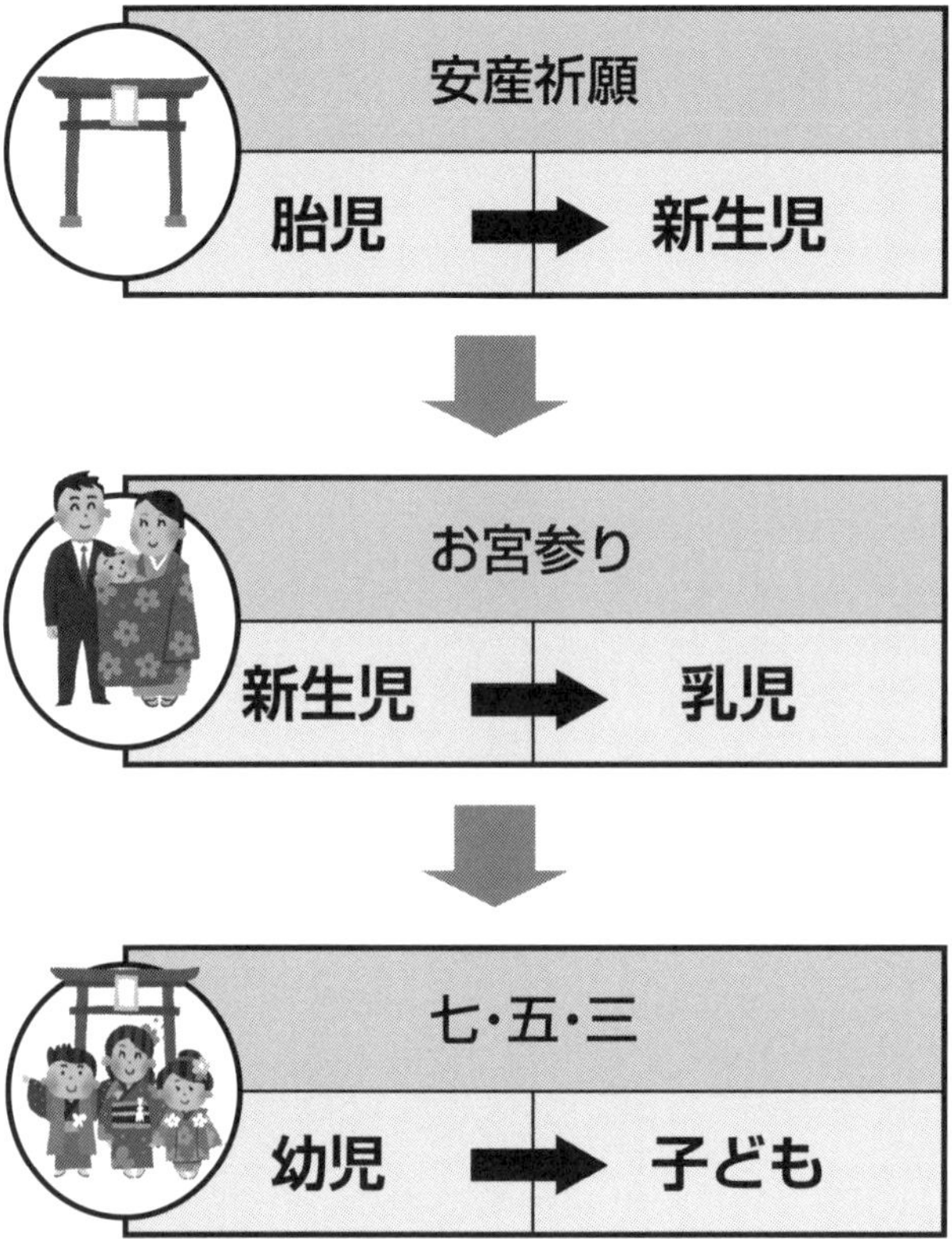

図9　日本人と神社（八百万の神さま）

Q&A

〈質問〉草原だった場所がどうして海に変わっていたのですか。

〈回答〉海は生命の故郷です。思春期の世界では、やり残してきた発達課題を達成していく必要があります。不思議の世界で草原が海に変わるのは、八百万の神さまたちが船に乗ってやってきて、思春期の子どもたちの成長を助ける役割を担うからと考えられます。

〈質問〉不思議の世界で、八百万の神さまたちが見えるようになるのはどうしてですか。

〈回答〉思春期の世界は、子どもと大人の中間地点に位置していて目に見えません。八百万の神様たちは現世では目に見えませんが、不思議の世界では見えるようになります。私たちは目に見えるものしか信じようとしませんが、目に見えないものを見分ける力こそが、主体的に生きていく上で大切な力となります。目や千里眼など**「め」が作品の中で強調されているのは、こころの目や感じる目など、心の世界が大切であることを説いている**のだと思われます。

〈質問〉湯屋の周囲が海のようになったのには何か理由があるのでしょうか。

〈回答〉思春期は、必要な発達段階まで戻る必要があります。何らかの症状を呈したり、感情の起伏が大きくなったりするのは、心身のバランスをとろうとする自己治療と考えられます。湯屋の周辺が海になったのは、思春期の発達課題を達成していくうえで、**母親の胎内における古の記憶にまで遡ることが重要な意味**を持っていることを示唆しています。

第5章 大人の条件

仕事をもたない者は動物にされてしまう

〈物語の読解〉

　湯屋の庭には、椿や紫陽花など四季折々の花が咲き乱れている。千尋はハクに言われたとおり裏木戸を開けて、手すりのない急な階段を一歩一歩注意深く下りて行く。ボイラー室ではボイラーがシューシュー音をたて、たくさんのススワタリたちが働いている。

　千尋が「スイマセン、あの、カマジイさんですか、ハクと言う人に言われてきました。ここで働かせてください」と声をかけると、カマジイらしき人物が「わしゃあカマジイだ。フロ釜にこきつかわれとるジジイだ」と応じる。千尋は、カマジイに働かせてほしいと頼むが、「手は足りとる。そこら中ススだらけだからな。いくらでも代わりはおるわい」と断られる。一匹のススワタリが石炭の下敷になっていたので、千尋が助けると穴の中に引っ込んでしまう。石炭を持ったまま千尋が困っていると、カマジイから「手ぇ出すんなら、しまいまでやれ」と注意され、重い石炭を運んで火にくべ、仕事を貫徹する。

　リンがススワタリの食事用の金平糖を持って入ってくる。リンは千尋を見て、人間がいると驚くが、カマジイから「わしの孫だ。働きたいと言うんだが、ここは手が足りとる。おめえ、湯バーバのところへ連れてってくれねえか。あとは自分でやるだろう」と頼まれる。リンは、殺されてしまうから嫌だと断るが、カマジイからイモリの黒焼きを差し出され、嫌々ながら応じる。「どのみち働くには湯バーバと契約せにゃならん。自分で行って運をためしな」とカマジイは千尋に告げる。リンからついてくるよう言われ、千尋が何も言わずについていこうとすると、「あんたね、ハイとかお世話になりますとか言えないの！」と注意され、部屋を出る際も「カマジイにお礼言ったの？　世話になったんだろう」と言われて「ありがとうございました」とお礼を言う千尋だった。カマジイから「グッドラック」と祝福されて、千尋は湯バーバの部屋へと向かうことになる。

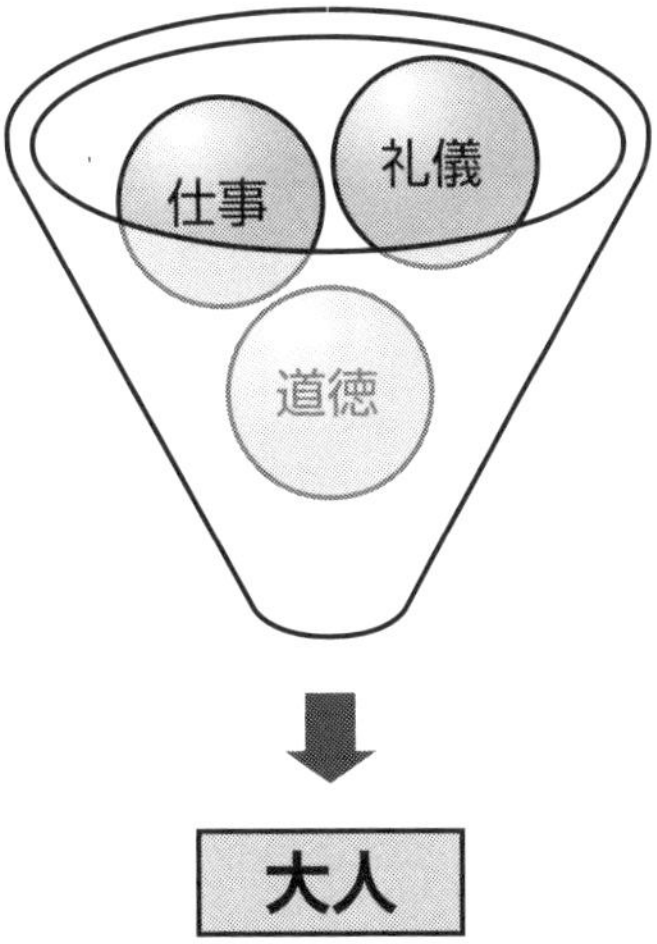

図10　大人の条件

大人の条件「礼儀・労働・契約」

大人の定義があいまいになっている昨今、大人とは何かと聞かれて、すぐに答えられる人がどれくらいいるだろうか。不思議の世界に来たばかりの頃、千尋は自分からあいさつができなかったが、リンから教えられて、すすんであいさつができるようになっていく。社会生活を送るうえで、**あいさつなど礼儀作法を身につける**ことが大切である。

大人は働くことで生計を成り立たせる必要があることから、**仕事ができるようになる**ことも大人の条件のひとつとして大切なことである。

また、**社会ルールを守る**ことも大人の条件のひとつとして見落としてはならないことである。エリクソンは思春期の発達課題にアイデンティティの確立をあげており、船が羅針盤を使って航海していくように、人間も羅針盤を内在化することで、社会で主体的に生きていくことが重要だとしている。

千尋は不思議の世界に入る前までは、優柔不断な子どもだったが、不思議の世界で、周囲に配慮しつつ、

発達段階	心理・社会的危機	重要な関係の範囲	基本的強さ
乳児期	信頼　対　不信	母親的人物	希望
幼児期前期	自律性　対　恥・疑惑	親的人物	意志
幼児期後期	自主性　対　罪悪感	基本家族	目的
学童期	勤勉性　対　劣等感	近隣・学校	有能感
青年期（思春期）	自己の確立　対　自己の拡散	仲間集団と外集団	誠実
成人期	親密　対　孤立	友情・性愛・競争パートナー	愛
壮年期	世代性　対　自己陶酔	労働と家庭	世話
老年期	統合性　対　絶望	人類・私の種族	英知

図 11　エリクソンの心理社会的発達図式

自分の考えで行動できる子どもに変わっていく。千尋の成長過程をたどっていくことで、大人の条件が何であるかが明らかになっていく。

Q&A

〈質問〉人間くさいとは何の匂いですか。

〈回答〉不思議の世界は、人間の匂いが敏感に感じとられる世界です。不思議の世界の食べものを3日間くらい食べれば、人間くささは消えます。不思議の世界の食べ物を食べるということは、「働くこと」、「礼儀作法を守ること」、「契約を遵守すること」を意味することから、この物語での「人間くささ」とは子どもくささと同義と捉えることができます。

〈質問〉カマジイはどうして手足の数が多いのですか。

〈回答〉カマジイが自己紹介で〝風呂釜にこき使われている〟と表現していることから、自己を持たずに働かされている存在であることが窺われます。ゼニーバは物に生命を宿す魔法が使えるので、蜘蛛を人間に変えたのかもしれません。カマジイが元蜘蛛だったのかどうかはわかりませんが、今の仕事がカマジイの天職であることは確かです。湯バーバとゼニーバが仲違いした後もカマジイは湯屋で働き続けています。

〈質問〉いもりの黒焼きとは何ですか。

〈回答〉古来から惚れ薬として使われていた秘薬です。カマジイはリンに惚れていて、リンに惚れ薬であるイモリの黒焼きを渡したのでしょう。

第6章

自己同一性の喪失

湯バーバは相手の名を奪う

〈物語の読解〉

千尋は、湯バーバが建物の最上階にいることをリンから教えられる。エレベーターを乗り継いで最上階をめざす二人だったが、リンが途中でカエル男から「お前人間くさいぞ」と指摘され、もう少しで千尋の存在に気づかれそうになる。リンはカマジイからもらったイモリの黒焼きをカエル男に差し出し、その場を凌ぐ。そのすきに、おしらさまが一緒にエレベーターに乗ってくれたおかげで、千尋は無事に最上階に到着することができる。

りっぱなじゅうたんが敷きつめられた最上階に湯バーバの部屋に続く大きな扉がある。千尋が扉を開けようとすると扉についている魔女の顔が「ノックもしないのかい」と口を開き、扉が勝手に開いて、一番奥の部屋へと千尋は魔法の力で通される。三つの頭が「オイ、オイ、オイ」と千尋の周りを跳びはねていると、書きものをしていた湯バーバが静かにするよう口を開く。「ここで働かせてください」と千尋が頼むと、湯バーバは千尋の口に魔法のチャックをして、「バカなおしゃべりはやめとくれ。そんなヒョロヒョロに何ができるのさ。ここはね人間の来る所じゃないんだ。八百万の神さまたちが疲れを癒しに来るお湯屋なんだよ」と言う。

「お前の親はなんだい！　お客さまの食べものを豚のように食いちらして！　当然のむくいさ。お前も元の世界には戻れないよ」と湯バーバは煙草の煙を鼻からはき出しながらふてぶてしく言い放つ。千尋を手助けした者が誰かという質問には答えずに、「ここで働かせてください」とだけ言う千尋に対し、湯バーバは大きく目を見開いて威嚇するが、千尋はハクに言われた通り「ここで働きたいんです」とねばる。

「見るからにグズで、甘ったれで、泣き虫で、頭の悪い小娘に仕事なんかあるもんかね。お断りだね。これ以上、ごくつぶしを増やしてどうしろっていうんだい。それとも一番つらーい、きつーい仕事を死ぬまでやらせてやろうか」と鋭い爪を千尋の首にたてて、湯バーバは脅す。

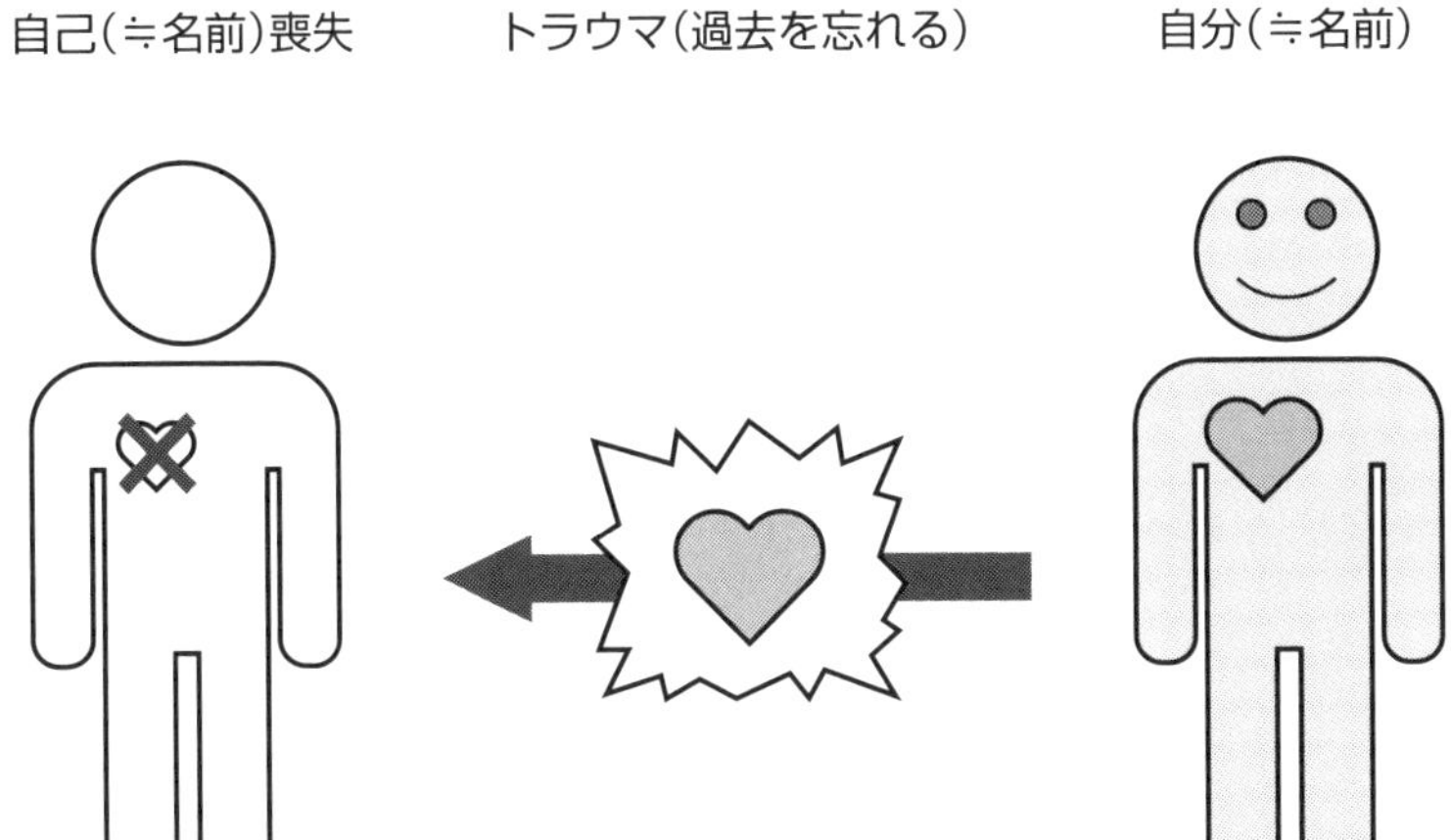

図12　名をとられる意味——トラウマの場合

思春期における自己喪失

不思議の世界に入るまでの千尋は、優柔不断で自分では何も決められない子どもだったが、両親が豚になってしまった今は、自分の力で生きていくしかなくなった。不思議の世界の食べものを食べ、ヒト臭さ（乳臭さ）をなくし、不思議の世界の住人として生きていくことになる。

ところで、**人間の心の発達**とは、どのようなものなのだろうか。

①人間の赤ちゃんは未熟な状態で生まれてくることで、養育者との間で基本的信頼関係を形成していく

②養育者との間で基本的信頼関係が形成できた幼児は、養育者を内在化していくことで、養育者がそばにいなくてもがまんできるようになる。ぬいぐるみや指しゃぶりは、養育者代わりの移行対象として機能する

③学童期、子どもは親や教師など信頼できる大人の指示に従って社会ルールを学んでいく

④思春期になると、子どもは権威者としての大人との縦の関係から、同世代の友人との横の関係へと関係性を変えていく

千尋は不思議の世界に入ってからは、父役や兄役、カマジイやリン、湯バーバやゼニーバ、ハクなどとの交流を通して、**思春期の課題を達成していく**ことになる。

近年、大人の権威が失墜していくなかで、子どもたちが礼儀作法や社会ルールを身につけづらくなっている。子どもが羅針盤を内在化しつつ主体的に生きていくためには、権威者としての信頼できる大人からしつけを学んでいく必要があるからだ。子どもが自立し、社会生活をおくる上では、**社会規範の習得が不可欠**となる。

暴力や暴言によって親が支配者として子どもを乱用した場合、子どもは主体性を奪われ、大人になることが難しくなる。アルコール依存症の親に育てられた子どもたちや児童虐待の被害者としての子どもたちの多くが、その後、人間関係を形成していくのに苦労した

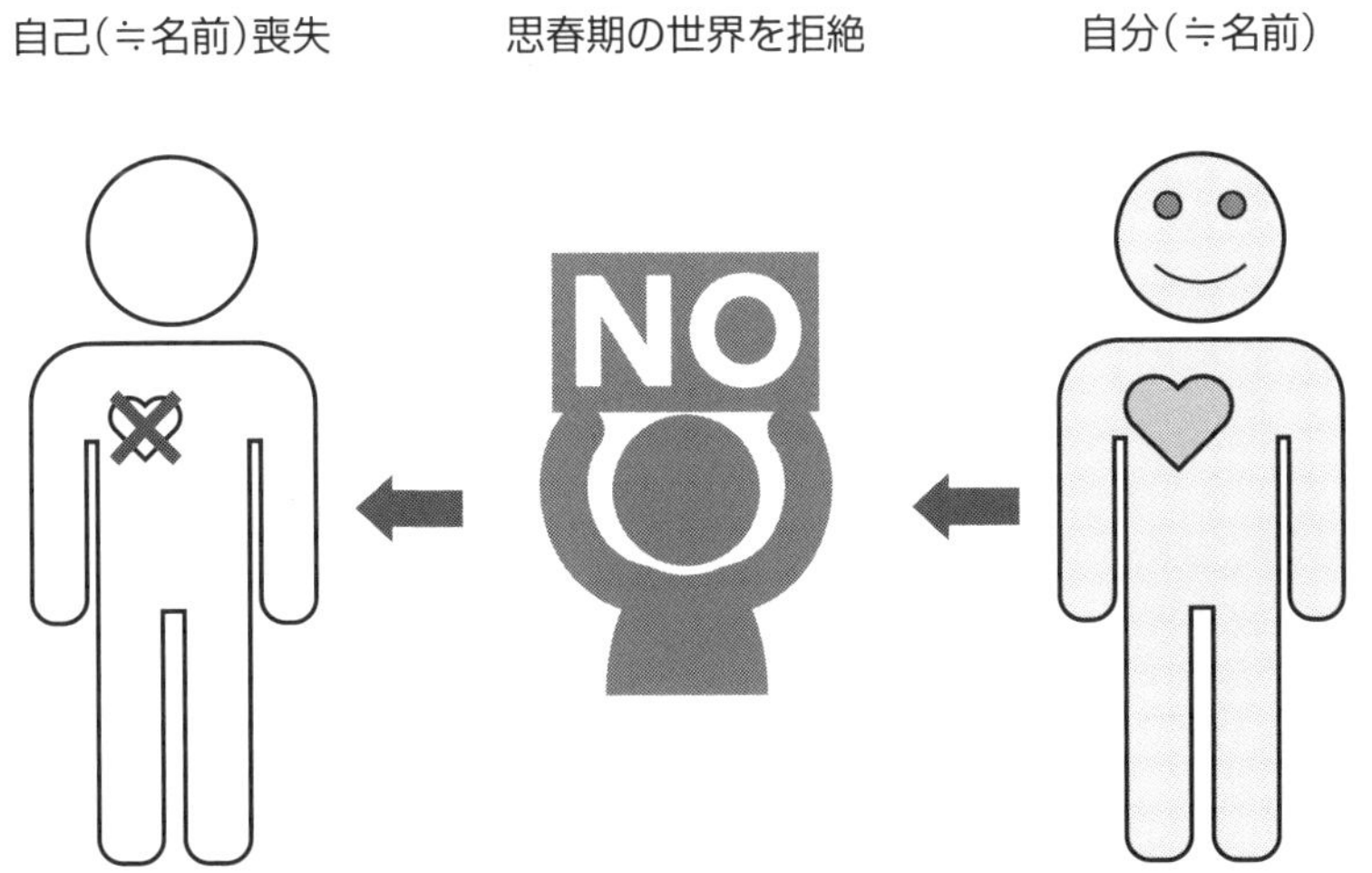

図 13　名をとられる意味—不思議の世界の食べものを食べない場合

り、社会生活をおくるうえで困難を抱えやすいことが報告されている。

千尋の両親が豚に変えられたのは、不思議の国の規範を守らなかったからだが、**社会規範が守れない親は子どもに社会ルールを教えることができない**。作品の中で千尋の両親は、子どもの声に耳を傾けることなく自己中心的に物事を運んでいる。千尋の意向を無視して、両親はトンネルに入っているし、千尋が注意するのも聞かずに店員不在の店で食事をしている。千尋に対して両親が駄々をこねている感じである。子どもの甘えを満たすことよりも、自分たちの甘えを満たすことを優先している千尋の両親。

千尋がこのような親たちに育てられながらも、不思議の世界で成長を遂げていく物語は、「**親はなくとも子は育つ**」ことを教えてくれる貴重な範例とも言えよう。

ところで、湯バーバが名前を奪う意味であるが、自己同一性にとって最も重要な基盤は、われわれの名前である。シェークスピアは、『オセロ』の中で、個人の名前はその人の最も貴重な所有物であると述べている。「金は盗まれても惜しくない。……しかし私から、よき名前を盗むものは、私を本当に貧しくする」。

われわれの名前は、われわれの全存在の暖かい中心的な象徴物であることから、名前を奪われることは、自己同一性を喪失することを意味している。湯バーバは、その人の名前を奪って主体性をなくし、支配する魔法使いなのである。

Q&A

〈質問〉おしらさまとは何ですか。

〈回答〉大根の神様です。思春期は自らの根っこ（ルーツ）とつながることが求められることから、おしらさまが千尋を自立への道へと導いてくれたのだと考えられます。

〈質問〉三つの頭どもとは、一体何ですか。

〈回答〉社会生活をおくることが難しい青年の中には体の変化が受け入れられず、変化する体を拒否している人がいます。「オイ」としか言えない三つの頭は**大人になれないモデルのひとつ**とも言えます。頭だけの人間は、現実には存在していませんが、理論のみを優先し、実体験を無視する生き方は、頭どもの生き方と似ています。

〈質問〉ごくつぶしとは何ですか。

〈回答〉穀潰し（ごくつぶし）とは、働かずに食べ物（穀物）を食いつぶす人のことで、仕事をしないでぶらぶらしている人のことです。

第7章 家庭内暴力

溺愛され、暴れる坊

〈物語の読解〉

突然地響きがしたかと思うと、赤ん「坊」の泣き声がして、大きな足が扉をぶち破る。湯バーバは、「坊」のところにとんでいき必死であやす。「働かせてください」と繰り返す千尋に対して、「わかったから静かにしておくれ」と湯バーバの声がして、契約書とペンが舞い降りてくる。「契約書だよ。そこに名前を書きな。働かせてやる。その代わり、イヤだとか帰りたいとか言ったら、すぐ仔豚にしてやるからね！」と湯バーバの声が言う。

千尋がサインをすると、「まったくつまらない誓いをたてちまったもんだよ。働きたい者には仕事をやるだなんて」と乱れた髪を整えながら子ども部屋から出てきた湯バーバは、契約書を千尋から取り上げる。「千尋というのかい、ぜいたくな名だね」と言って、荻野千尋の萩野（荻野の間違い）と尋の文字を握って千だけを残す。

「今からお前の名前は千だ。いいかい千だよ。わかったら返事をするんだ、千！」と言われ、千尋は「はい」と返事をする。湯バーバは部屋に入ってきたハクに向かって、「今日からその子が働くよ。世話をしな」と告げる。「名はなんという」とハクが聞くと、「千です」と千尋は答える。

エレベーターの中で千尋が「ハク」と呼びかけると、「私のことはハクさまと呼べ」と命じられる。ハクが千尋を従業員たちに紹介すると、父役も兄役も千尋が雇われることに対して異議を唱える。ハクがすでに契約したことを伝えると、千尋は「よろしくお願いします」とあいさつする。
ハクがリンに千尋の世話を依頼すると、「やってらんねえよ」と言いながらも、「わからないことはオレに聞け」と優しく千尋に語りかける。リンに従業員用の部屋に案内され、仕事着を押し入れから探し出してもらう。

ハクが千尋のことを知らなかったことを不思議に思い、ハクが二人いるのか聞くと、「あんなの二人もいたら、たまんないよ。あいつは湯バーバの手先だから気をつけな」とリンから教えられる。

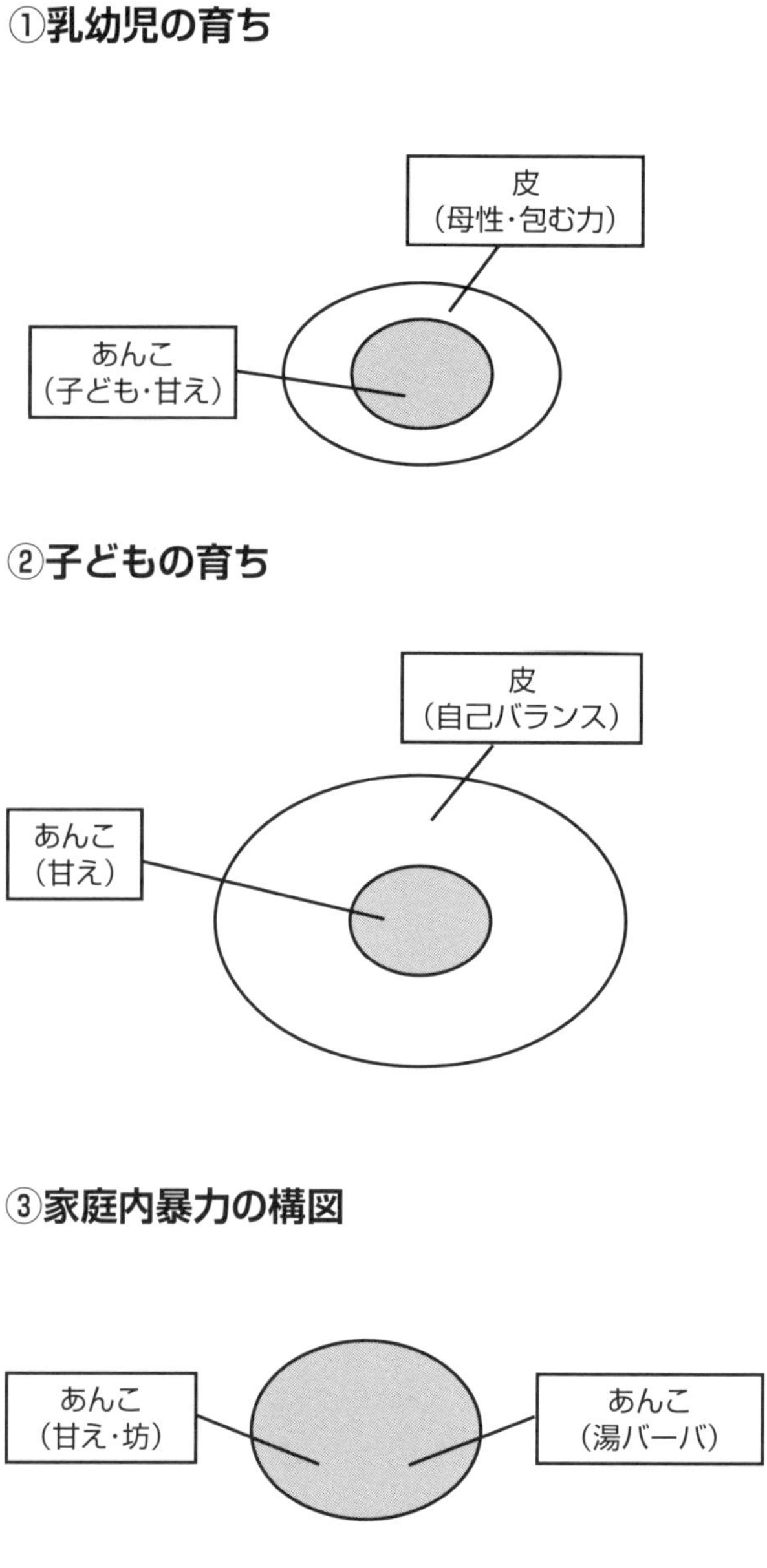

図 14　家庭内暴力の構図
（光元［2013］を参考に、愛甲が考案）

家庭内暴力

坊の部屋は、赤ちゃん用の遊具が散乱し、多すぎるプレゼントであふれかえっている。湯バーバから溺愛されて育った坊は、よちよち歩きの発達段階にとどまったままの少年である。家庭内暴力の子どもが、養育者に対して暴力を振るうのは、赤ちゃんが駄々をこねるのと同じような意味を持っていて、体が大きくなっているぶん、暴力を振るわれるほうのダメージは大きくなる。

オルポートは次のように言う。「まず二歳児の場合を考えてみよう。われわれがどれほど彼をかわいがるとしても、彼が社会化されていない恐ろしい生きものであることを認めざるをえない。彼は非常に強要的で、衝動を満足させるのにちょっとの間も我慢ができない。彼は快楽を求め、気短かで、恐ろしく破壊的で、良心をもたず、全く依存的である。かつて哲学者のホッブスは『悪人とは、強くなった子どもにすぎない』と言った」（1968）。

養育者が他者の力を借りて、子どもが大人になるう

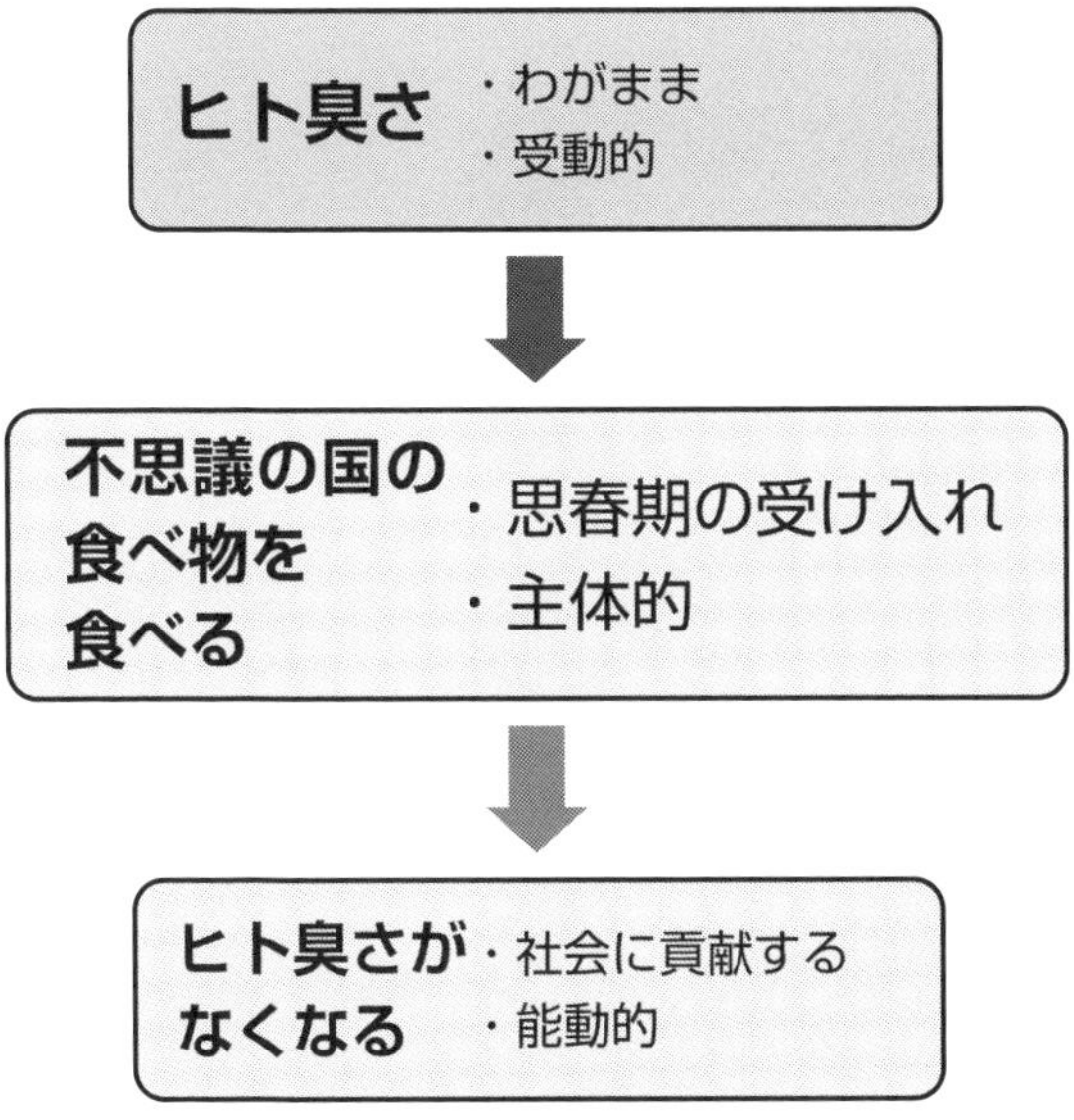

図15　ヒト臭さとは？

えでの育ちにあった子育てができるようになれば、子どもは自分の力で周囲の人々の力も借りながら、ほどよい社会性を育んでいけるようになる。

Q&A

〈質問〉ハクはどうして湯バーバの部屋で千尋のことがわからなかったのですか。

〈回答〉ハクの腹の中には、湯バーバが相手を操るために忍ばせた魔法の虫がいます。そのため、湯バーバの支配力が及ぶ範囲内では、ハクは完全に支配された状態になります。千尋のことを思い出せなかったのは、湯バーバの支配力が強く及んでいたせいです。

〈質問〉湯バーバはどうして千尋を雇うことにしたのですか。

〈回答〉働きたい者には仕事をやるという誓いを湯バーバはたてていて、千尋が「ここで働かせてください」とひたすら言い続けたことから、湯バーバはそれ以上手出しができず、千尋を雇わざるを得なくなりました。

〈質問〉従業員たちが「ヒト臭くてかなわない」と千尋が湯屋で働くことを嫌がりましたが、どうしてですか。

〈回答〉ヒト臭さとは乳臭さです。一緒に仕事をする人間が赤ちゃんのようでは困ります。赤ちゃんの匂いがする人間は、自分勝手で社会ルールを守れません。そのため従業員達はヒト臭さを嫌っています。

第8章 なつかしさの心理

おにぎりを食べて大泣きする千尋

〈物語の読解〉

湯女たちと布団を並べて横になっていた千尋だったが、一睡もできないでいた。翌朝、障子が開いて、足音が近づき、「橋の所へおいで、お父さんとお母さんに会わせてあげる」とハクの優しい声がする。しばらくして、千尋がボイラー室まで降りて行くと、カマジイは眠っていたが、ススワタリたちが靴下と靴を運んで来てくれたので、靴をはいてボイラー室を後にする。四季折々の花が咲き乱れる庭を通って、ハクが養豚場まで案内してくれる。

たくさんの豚たちに混じって千尋の両親がいる。呼びかけても動かない両親豚を見て、病気なのではと心配になる千尋だったが、「お腹がいっぱいで寝ているんだよ。人間だったことは、今は忘れている」とハクは説明する。「きっと助けてあげるから、あんまり太っちゃだめだよ、食べられちゃうからね」と千尋は泣きながら外に走り出る。

キャベツ畑のわきにうずくまる千尋にハクが「これは隠しておきな」と千尋が不思議の世界に来た時に着ていた服を渡す。ポケットの中から「ちひろ 元気でね……」と書かれたカードが出てきたことで、千尋は忘れかけていた自分の名を思い出す。

ハクは湯バーバが相手の名を奪って支配すること、本当の名はしっかり隠しておかなければならないこと、名をうばわれると帰り道がわからなくなることを千尋に教え、自分の名を思い出すことはできないけれども千尋のことは覚えていたと話す。

懐から竹皮で包んだおにぎりを取りだしてハクは食

べるよう千尋に勧める。「食べたくない」と千尋は断るが、「元気が出るように、まじないをかけて作ったんだ。お食べ」と白いおにぎりを千尋の前に差し出す。

ひと口おにぎりをほおばると、ハッと何かを思い出して夢中でほおばり続ける千尋だったが、大粒の涙があふれ出し、大きな声で泣き出してしまう。「つらかっただろう」と慰めるハク。泣いたおかげで千尋は元気になって、ハクと別れる。振り返って空を見上げると、一匹の白い竜が飛んでいくところだった。

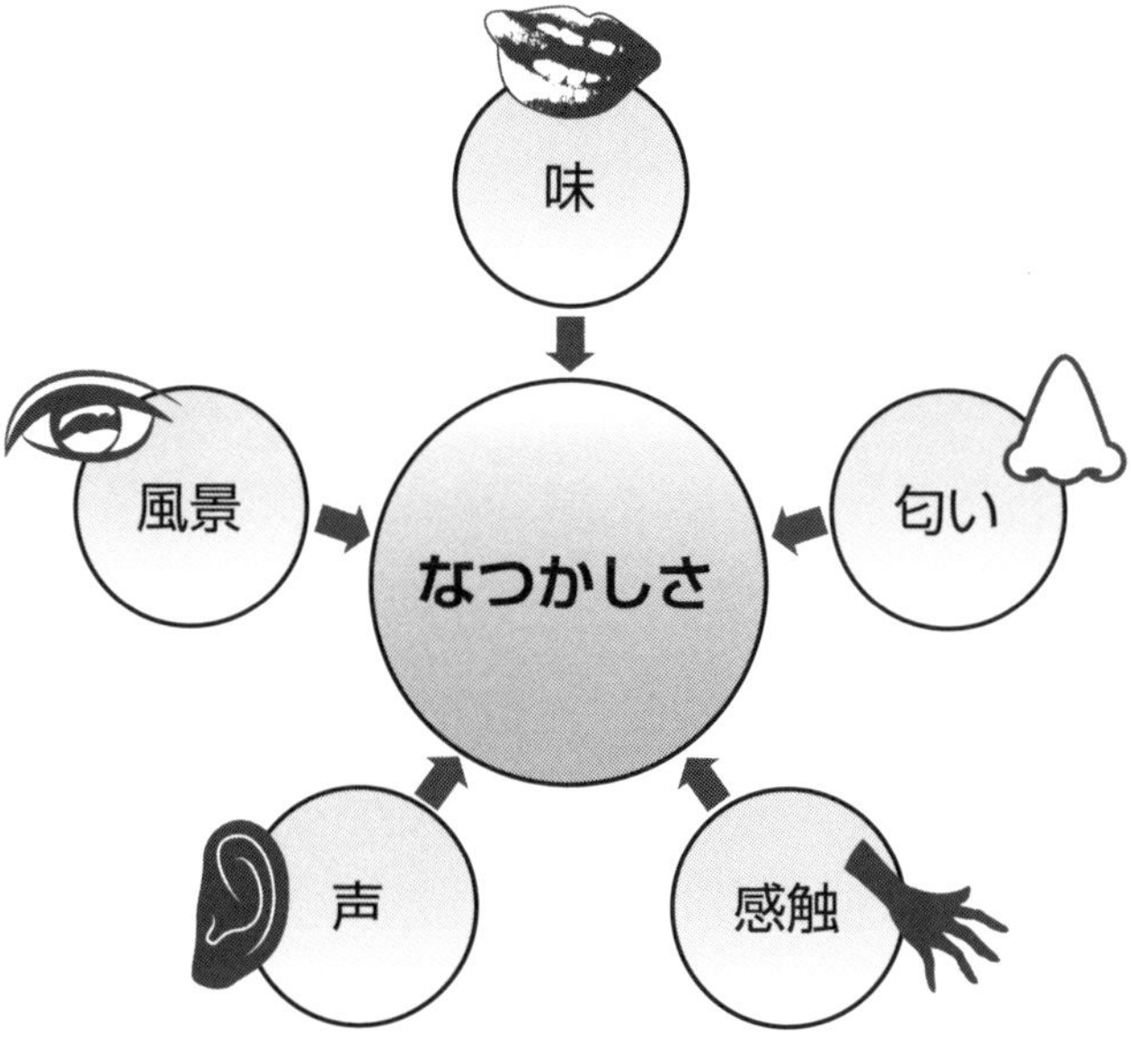

図 16　なつかしさ

なつかしさ

かつては想像できなかったような便利な時代が到来し、同じ味の食べものが世界中どこでも口にできるようになった。インスタント食品の開発は進み、均一化した味に慣れた人々が増えている。

おふくろの味は世界中でたったひとつのなつかしい味である。親が心を込めて作った家庭料理は、子どもの心身の土台を作るもととなる。おにぎりは、日本人の主食の米で作られた「おふくろの味」の代表選手であり、遠足や運動会にはつきもので、子ども時代のなつかしい思い出の味である。ハクがおまじないをかけて握ったおにぎりの味と香りは、千尋のなつかしさを呼び起こす力となり、千尋は忘れかけていた過去の優しさに包まれた暖かな記憶を思い出すことができた。

人は泣くことで心と体がつながり、凍りついた感情をとき放つことができる。千尋は幼い頃からトラウマを抱えて生きてきた子どもだったが、ハクのおにぎりには千尋の不安でいっぱいの気持ちを優しく包み、感情を解放させる力があった。

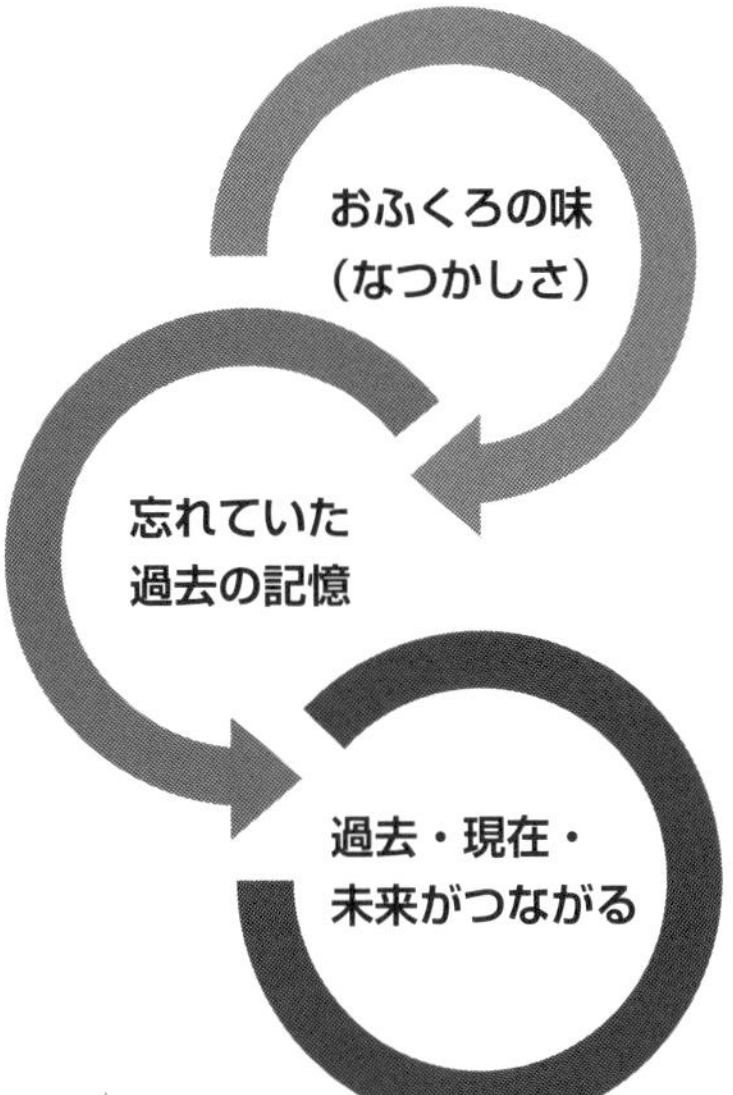

図 17　おにぎり（なつかしさ）の治療効果

Q&A

〈質問〉千尋がハクからもらったおにぎりを食べて大泣きしたのはなぜですか。

〈回答〉おにぎりはなつかしい思い出の味です。トラウマは、辛い記憶を凍らせることで人間に生き延びる力を与える反面、異物となって感情の流れをストップさせます。自分の名前を思い出し、おにぎりを食べて、千尋は不思議の世界ではじめて大きな声で泣くことができました。辛い体験をした人がおもいっきり泣くと元気になれるのは、感情が解放されて体とこころがつながるからです。

〈質問〉白い竜を見た時に、なぜ千尋はそれがハクだとわかったのですか。

〈回答〉千尋がコハク川で溺れた時に命を救ってくれた川の神様がハクでした。命を失うほどの体験をすると、私たちはその時の恐怖体験をトラウマとして冷凍保存することで、生き延びようとします。**フラッシュバック**は恐怖体験がよみがえる状態です。幼い頃の記憶がない人の多くは、**トラウマが冷凍保存されている状態**と考えてよいかもしれません。トラウマ治療が慎重になされなければならないのは、トラウマが恐ろしい体験記憶そのものだからです。同じような体験をした人と辛かった記憶を共有するなど、ゆっくり時間をかけて治療を行なうことが大切です。千尋が白い竜を見てハクだとわかったのは、過去にハクと会ったことがあったからです。

〈質問〉千尋はどうして両親豚がわかったのですか。

〈回答〉たとえ姿かたちは変わっても、大切な人や物を人は見分けることができます。たとえ両親の姿かたちが違っても、その表情や雰囲気で、千尋は見分けることができました。

〈質問〉湯屋の庭には、どうして四季折々の花が咲いているのですか。

〈回答〉思春期の世界に四季はありません。四季折々の花が咲き乱れる世界のことを仏教では極楽浄土、キリスト教では天国と呼びます。思春期は先祖から守られ、八百万の神さまに守られた不思議の世界なのです。

第9章 ストーカーの心理

余計なお世話をするカオナシ

〈物語の読解〉

千尋がハクと別れた後、空が急に暗くなり、黒雲がわいて、大粒の雨が降り出す。夜になって、湯屋の従業員たちは働き始める。千尋がふき掃除をしていると、兄役が来て、リンと千は今日から大湯番だと告げる。

千尋が硝子戸を開けて桶の水を捨てていると、そこに雨に濡れたカオナシが立っている。千尋が「ここ、開けときますね」と硝子戸を開け放してその場を立ち去ると、カオナシは建物内に入ってくる。大湯番は、汚れた客専門の風呂場の担当で、汚れが薬湯でないと落ちないと判断したリンが千尋に薬湯の札を番台にもらってくるよう伝える。千尋が番台に薬湯の札をお願いすると、「いつまでいたって同じだ」と全く取り合ってくれなかったが、突然、番台の横にカオナシの顔が現れて、薬湯の札を魔法の力で千尋の手元に落とす。千尋は、「ありがとうございます」とお礼を言って風呂場に戻り、リンに薬湯の札を渡す。「へえー、ずい分いいのくれたじゃん。これがさ、カマジイのところへ行くんだ」とリンは壁の扉を開け、湯札をひもにぶら下げて引っ張る。

しばらくして「これを引けばお湯が出る。やってみな」とリンから言われ、千尋は樋のひもを引っ張ろうとするが、ひもに触れる前に風呂の縁から滑り落ちる。それを見て、「ほんとドジだなあ」とリンはあきれるが、「もう一回ひっぱれば止まるから」と言い残して朝飯を取りに行く。

千尋が風呂の縁から下りようと後ろを向くと、そこにカオナシが立っている。カオナシはたくさんの湯札を手のひらにのせ、千尋に受け取るよう迫る。「こんなにたくさん、私にくれるの？」と聞くと、「あ…、あ」とうなずく。「だめよ、ひとつでいいの」と千尋が言うと、「あ」と寂しそうな声を出して姿は消え、湯札が音を立てて床に散らばる。

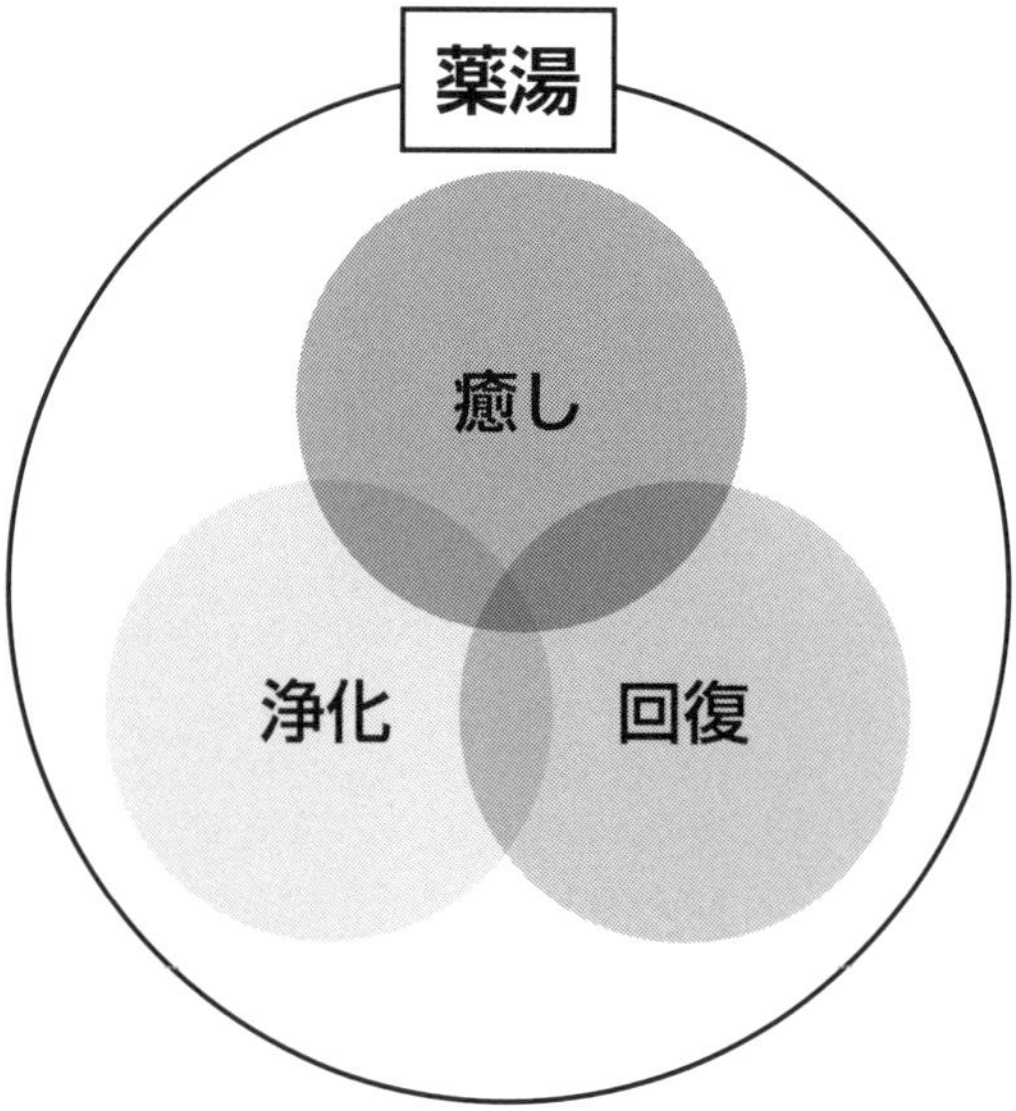

図 18　薬湯の効能

ストーカー

心の寂しさを埋めるために、愛着対象（養育者がわり）に執着するストーカー。

ストーカーとは、ストーキング stalking（付きまとい）をする人のことで、**相手への執着が強く、アンビバレントな感情を抱きやすい**。

複雑性トラウマを抱える者のなかには、信頼関係の作りにくさ、衝動性・暴力性、キレやすさ、虚言・ごまかし、盗み、挑発的言動、支配的人間関係などいくつかの特徴を併せ持つ者がいるが、彼らのなかには、ストーカーの要因のひとつであるアタッチメント（愛着）形成がうまくできなかったことから生じる自己不全感を持つ者が多い。

ストーカーの心理	
①	自分の言葉を持たない
②	自分の気持ちがわからない
③	自己不全感が 常につきまとっている
④	相手の気持ちがわからない
⑤	相手にしがみつく
⑥	相手を独占しようとする
⑦	相手を支配しようとする

図 19　ストーカーの心理

Q＆A

〈質問〉カオナシはどうして千尋が開けた硝子戸からしか入れなかったのですか。

〈回答〉湯屋は八百万の神さまのお湯屋なので、お客は神さまだけです。建物の周囲には結界がはられていて神さま以外は入れないようになっています。そのため、カオナシは、鍵を内側から開けてもらわなければ建物の中には入れません。

〈質問〉リンと千尋はどうしてカエルの仕事だった大湯番になったのですか。

〈回答〉リンと千尋は従業員の一番下にランクづけられているので、カエルと同じレベルの仕事につくことになります。そのためカエルの仕事である大湯番になりました。

〈質問〉カオナシはどうして千尋に湯札を余分にあげようとしたのですか。

〈回答〉カオナシは千尋を自分のものにしたいと考えています。そのためストーカーやＤＶの加害者と同様、千尋に付きまとっています。千尋の気持ちを考えることはせず、自己中心的にしかものごとを考えられないので、千尋の気を引くために湯札を余分にあげました。

〈質問〉カオナシの体が透けているのはどうしてですか。

〈回答〉**カオナシは仮面をつけています。自分の顔がないからです。自己も持たないストーカーモデルです。**愛着障害の人は「寂しさ」が根本にあります。カオナシの体が透けているのは、不思議の世界に自分の居場所がないからです。過食して一瞬だけ心の飢餓感が満たされたとしても、完全に飢餓感を埋めることはできません。いくら食べても満足することがないので、甘えが満たされず、自己不全感は残ったままです。カオナシの体が透けているのは、信頼できる人が誰もおらず、安心できる拠点を持っていないからです。

〈質問〉カオナシはどうしてしゃべれないのですか。

〈回答〉自分の言葉でしゃべれるようになるには、体と心とがつながる必要があります。嬉しい時は笑い、悲しい時は泣くことが自然とできている人は、体と心がつながっている人です。カオナシが仮面を脱いで、自分の気持ちを表現できるようになれば、その時からカオナシは自分の言葉が使えるようになります。

第10章 自然治癒力

ニガ団子の効用

〈物語の読解〉

番台に電話で何かが入りこんだことを伝えていた湯バーバが玄関に足早に下りてくる。「おかしいね、クサレ神の気配じゃなかったんだが」と不思議がりながらも「来ちまったものは仕方がない、お迎えしな」とクサレ神を迎え入れることにする。

湯バーバは千尋に「いいかい、お前の初仕事だ。これから来るお客を大湯で世話するんだよ。四の五の言うと石炭にしちまうよ。わかったね」と命じる。

玄関でクサレ神を出迎える湯バーバと千尋。その臭いは強烈でリンが持っていた「めし」は一瞬で腐ってしまう。千尋はクサレ神を風呂場に案内し、リンから教えられた通りに壁の扉を開いて、薬湯の札をカマジイの所に送ろうと、ヘドロに足を取られながらも懸命に足し湯をする。リンの助けもあって無事お湯が流れ出し、薬湯でクサレ神は一気に清められていく。

足し湯をする際、ヘドロに頭からつっこんでしまった千尋だったが、クサレ神の手で助け上げられる。その際にクサレ神の体に刺さっているトゲのようなものに気づき、「ここにトゲみたいのが刺さってるの、深くてとれないの」とリンに伝える。それを聞いた湯バーバが「トゲだって、下に人数を集めな、急ぎな」と突然言ったかと思うと「千とリン、そのお方はクサレ神ではないぞ」と二人にロープを渡す。

湯バーバの音頭のもと、従業員たちが力を合わせてクサレ神のトゲを抜く作業にとりかかる。トゲだと思っていた物は、自転車のサドルで、自転車に続いて廃棄物が次々と出てくる。最後の廃棄物が抜けると同時に「アー」と深いため息が聞こえ、河の神さまの顔が現れて「よきかな」と言って消える。

気がつくと、千尋の手の中には、河の神さまから贈られたニガ団子が握られている。静けさが戻って床に砂金が落ちていることがわかると、従業員達が我先にと拾い始める。それを湯バーバが制し、千尋に風呂の縁から下りるよう伝える。「大戸をあけな、お帰りだ」と湯バーバが言うと、河の神さまが竜の姿になって、満足そうな笑い声をあげながら湯屋を後にする。

「千、よくやったね、大儲けだよ。ありゃあ名のある河の主だよ。みんなも千を見習いな。今日は一本つけるからね」と湯バーバから褒められ、八百万の神さまや従業員達にも祝福されて千尋の心は満たされる。拾った砂金を出すよう湯バーバに命じられ、ぶつぶつ文句を言う従業員達の様子を陰からカオナシが盗み見ている。

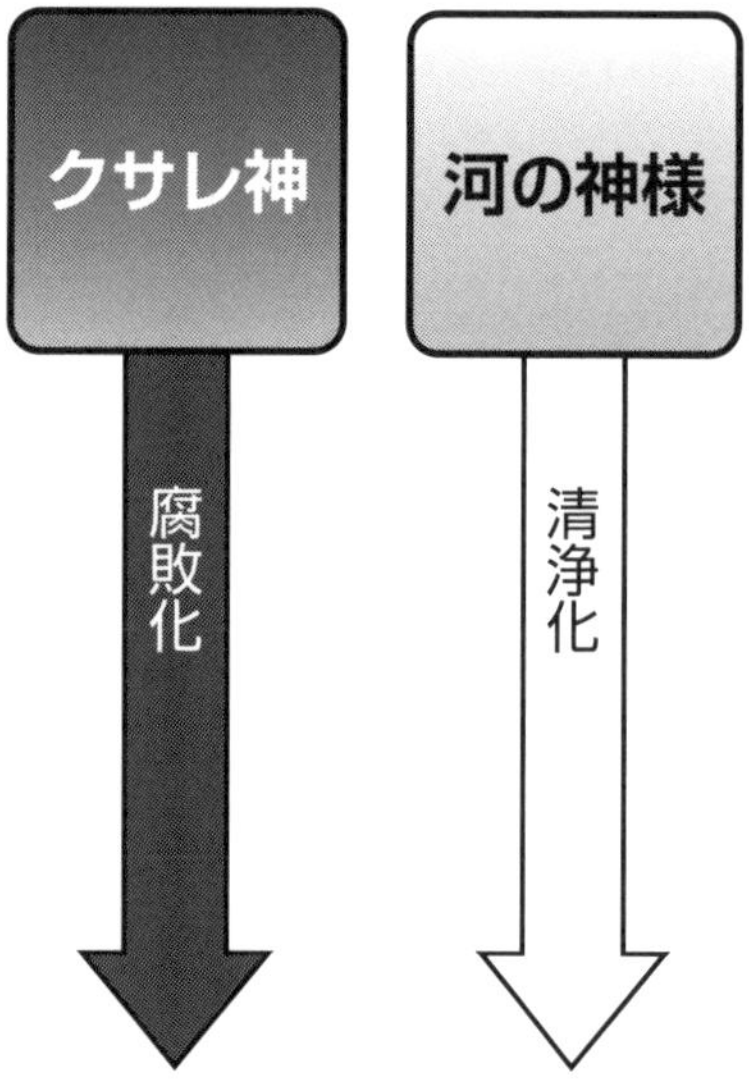

図20 河の神様とクサレ神の違い

自然治癒力

クサレ神は、何でも腐らせてしまう腐敗の神さまである。河の神さまは、外見はクサレ神のように不浄で、ご飯でさえ一瞬で腐らせるほどの異臭を放っているが、両者は元々違う神様である。河の神さまがクサレ神と間違えられたのは、自転車やゴミなどのポイ捨てによる廃棄物、家庭や工場などからの排水などで、川が汚染されたことが原因だった。**大気汚染や河川汚染や海洋汚染など地球環境は危機に瀕しており、地球全体の**

問題となっている。近年、日本では、過去における反省から、川や海の汚染が進まないように様々な工夫が施されるようになった。

人の心も自然界と似ていて、トラウマ（異物）のせいで感情の流れがせき止められ、心理的な危機を招くことがある。大震災や戦争など、命の危険にさらされた時、人は解離症状を呈することで生き延びようとする。

児童虐待が深刻とされる理由は、家庭といった安全な場所で、唯一守ってくれるはずの養育者から子どもが不適切に用いられる行為だからだ。**安全なはずの家庭が、いつ命を落とすかわからない、危険きわまりない戦場になっている**と考えるとわかりやすいかもしれない。

児童虐待が子どもに複雑性ＰＴＳＤ（心的外傷後ストレス障害）を発症させるのは、子どもが安全な生きる拠点である家庭と守ってくれるはずの保護者を喪失するからである。生活全体を視野に入れたケアが複雑性トラウマ治療で有効だとされるのは、安心できる拠点と信頼できる大人の存在が子どもの心と体を成長させる上で不可欠であることを示唆している。

ところで河の神さまは、なぜ千尋にニガ団子をプレゼントしたのだろうか。川には本来、清浄化する力がある。山から湧き出た水が小川となり、小川が集まって大河となり、大河は海へと注ぎ、流れが滞ることはない。河の神さまは、自転車などのポイ捨てのせいで、クサレ神と間違えられるほど汚れていたが、それは人間が捨てた物や排水によって水の流れが滞ったことが原因だった。

川の流れをせき止めていた廃棄物が除かれて、川本来の流れが戻ったことで、あらゆるものを清める力がよみがえった。ニガ団子には心身を清浄化（解毒）する力があり、**生物が本来持っている自然治癒力を高める効果**がある。河の神様は、千尋のおかげでよみがえった清浄化するパワーをニガ団子という目に見える形にしてプレゼントしたのであろう。

心理療法（精神療法）には、精神分析や認知行動療法や芸術療法などさまざまな技法があるが、人が本来持っている自然治癒力を高めることができれば、副作用の少ない安全で質の高い治療が期待できる。ニガ団子は、カオナシの摂食障害を治し、ハクの体の中を食い荒らしていた魔法のハンコや湯バーバの魔法の虫を排出させている。河の神さまがくれたニガ団子のおかげで、ハクやカオナシの内面に巣くっていたトラウマは解毒され、彼らは、自分が何者であるかを知る力を得ることができた。

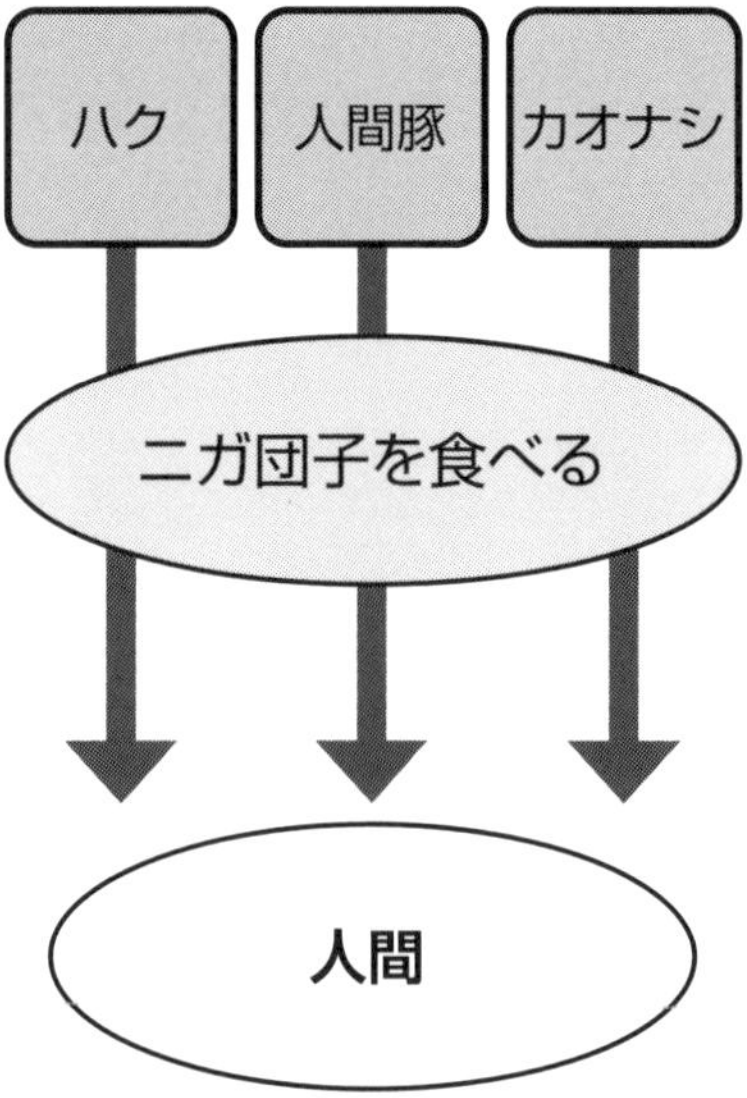

図 21　ニガ団子の効能

Q&A

〈質問〉河の神さまはどうしてクサレ神のようになっていたのですか。

〈回答〉山から湧き出る水の流れは清流となり、その水が大きな流れとなってできるのが川本来の姿です。しかし、近年、川には家庭や工場からの排水が流れ込み、不要品が捨てられるようになり、流れがせき止められるといった不具合が生じるようになりました。流れが止まると、川はよどんでヘドロが堆積して異臭を放つようになります。河の神さまがクサレ神と間違われたのは、見かけ上はクサレ神と同じ状態だったからです。

〈質問〉「よきかな」とはどんな意味ですか。

〈回答〉「いい気持だなあ」といったような意味です。

〈質問〉湯バーバは、どうして「トゲが刺さっている」という言葉で、客がクサレ神でないと判断し

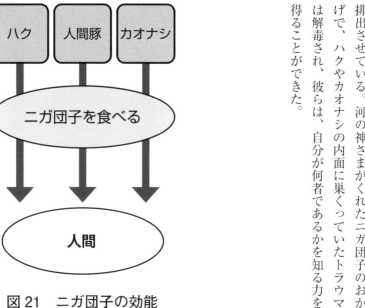

たのでしょうか。

〈回答〉クサレ神は何でも腐らせてしまう不浄の神さまなので、トゲが刺さるような体を持っていません。トゲが刺さる体があること自体、客がクサレ神でない証拠となります。

第11章 アイデンティティの拡散

カエルの姿になったカオナシ

〈物語の読解〉

その晩、湯屋は活気にあふれていた。千尋が湯屋のベランダに座って、リンからもらったまんじゅうを食べながら、ハクがいなかったことを話すと、「またハクかよ。あいつ時々いなくなるんだ。うわさじゃ、湯バーバにやばいことやらされてんだって」とリンが言う。部屋の電気が消え、月の光に照らし出された風景が浮かび上がる。いつのまにか湯屋の周辺一面が海になっていて、遠くのほうに町明かりが見える。二両編成の列車が町に向かって走っていくのを見て、「海みたい」と千尋が言うと、リンが「あたりまえじゃん。雨がふりゃ海ぐらいできるよ。おれ、いつかあの町に行くんだ。こんな所、絶対にやめてやる」と語る。ニガ団子を一口食べてみた千尋は、その苦さに吐きそうになり、あわててまんじゅうを口の中に詰め込む。

従業員が寝静まった夜、カエルが落ちている砂金を探しに風呂場にやってくる。カオナシは手のひらからカエルの目の前に砂金を落としてカエルを飲み込んでしまう。

兄役が風呂場の物音に気づいてやってくる。「消灯時間はとうに過ぎたぞ」と言う兄役に向かって、カエルの姿になったカオナシが手のひらから砂金を落とし、「兄役どの、オレは腹が減った。腹ペコだ」とカエルの声で伝える。「そ、その声は」と驚く兄役だったが「わしは客だぞ、風呂にも入るぞ。みんな起こせ」というカオナシの要求に応じていく。

その頃、千尋は夢を見ていた。両親豚に河の神様からもらったニガ団子を食べさせようと豚小屋に行き、

「お父さん、お母さん、これを食べれば人間に戻れるよ、きっと」と親を探すが、寄ってくる豚の中から両親豚を捜し出すことができない。目を覚まして夢だったことに気づいて、周囲を見渡すと誰もいない。煙突からは煙が出ていてカマジイが火をたいているようだ。

階下で兄役が「お客様がお待ちだぞ。もっと早くできんのか」と従業員達に指示を出し、父役が「あまりものでも何でもいい、どんどん、お出ししろ」と命じている。カオナシの体は巨大化し、「オレは腹ペコだ」と砂金を手のひらから出してはバラまいている。リンから千尋もカオナシに奉仕するよう誘われるが、カマジイのところに行かなければならないからと断る。

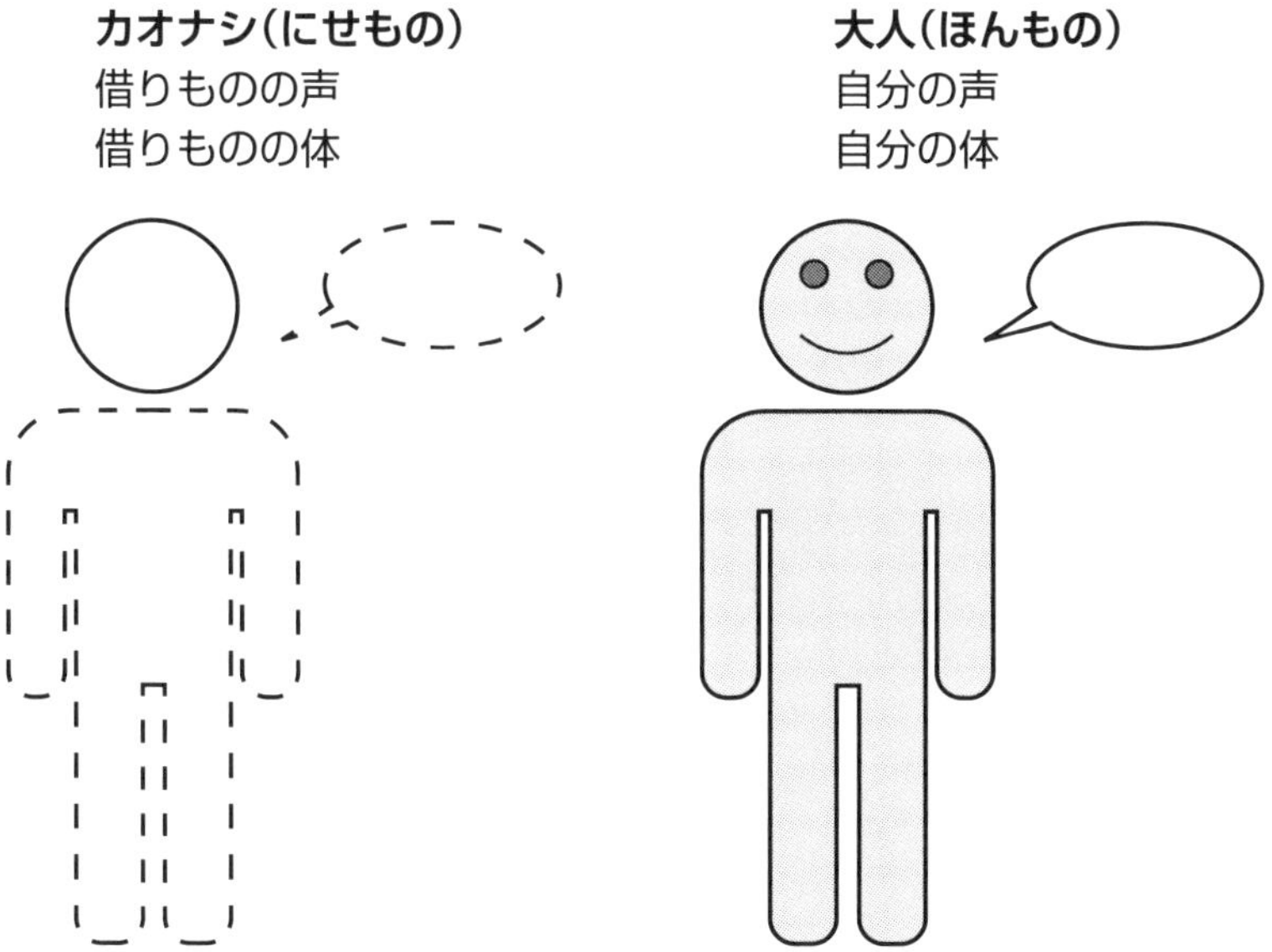

図 22　カオナシの正体

借りものとほんもの

〝**人格**〟とは、personality の訳語で、ラテン語の persona（仮面）に由来している。persona とは、元々ギリシャ劇に使われた演劇用の仮面のことである。

character と personality の語源は、どちらも persona で、「刻み込まれたもの」という意味だが、人格のことをヨーロッパでは〝character〟、アメリカでは〝personality〟を使うことから、両者の明確な区別は困難とされている。

文豪ゲーテは、personality のことを最上の価値をもつ世界唯一のものであるとし、心理学者のオルポートは、個人のなかにあって、その人の特徴的な行動と考えとを決定するところの、精神身体的体系の動的組織であるとする。

カオナシのように自己がない者は、借りものの personality で生きるしかない。借りものの personality の持ち主は、**自分の気持ちがわからないため、他者の気持ちもわからない**。カオナシは、千尋の気持ちを察することができず、多すぎる湯札をあげたり、食べ物を無理に食べさせようとしたりするわけだが、それは根本に「見捨てられ不安」があるからである。「寂しい」という言葉は、カオナシが気持ちを言語化できた現われであり、カウンセリングが気持ちの言語化であることから、**こころの治療を千尋は知らず知らずに行なっていた**と理解することができる。

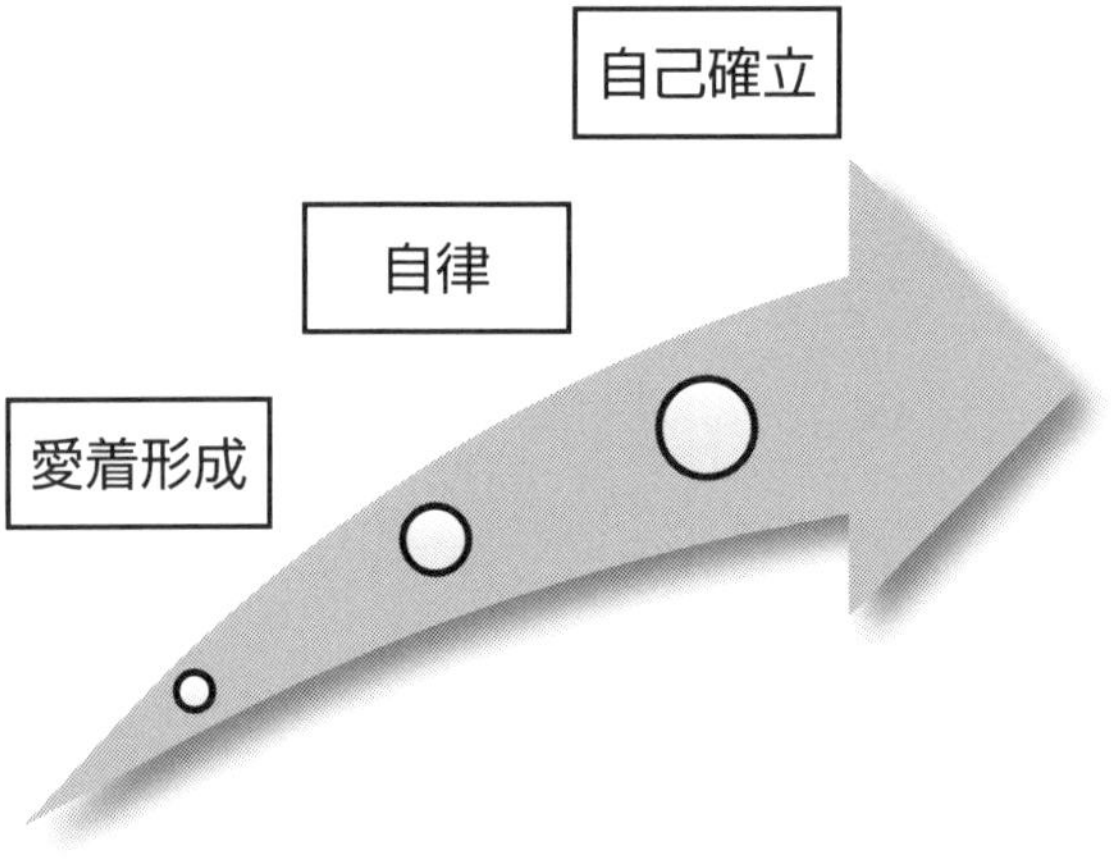

図 23　自己確立の過程

Q&A

〈質問〉どうして湯屋の周りは海になったのでしょうか。

〈回答〉自らのルーツとつながることができた子どもは、自分の足で自らの人生を歩いていくことができるようになります。湯屋の周りが海になったのは、思春期を生きる子どもが、八百万の神さま（日本人の心の故郷）や生命の故郷である海とつながることで、発達段階をもう一度さかのぼる必要があることを象徴しています。

〈質問〉カオナシはどうして砂金を手のひらから落として、カエルを飲み込んだのですか。

〈回答〉カオナシには顔も体も声も言葉もありません。自己のないカオナシは誰かの体や声を自分のものにしないと相手に気持ちを伝えることができないので、カエルを飲み込みました。

〈質問〉千尋が夢のなかで豚になった両親を見分けられなくなっていたのはなぜですか。

〈回答〉千尋は河の神さまからもらったニガ団子を豚になった両親に食べさせようとしますが、両親豚を見分けることができませんでした。実際、千尋はハクと一緒に豚小屋を訪れた際には両親を見分けることができています。千尋がどの豚も同じように見えるようになったのは、**アイデンティティ拡散の危機**におちいっていたからです。名前を取られかけて自分が誰かがわからなくなっている時、人は他者の内面を見分けることができなくなります。

〈質問〉カオナシがカエルの姿になり、カエルの声で話すようになったのはなぜですか。

〈回答〉自己を持たないカオナシは、喜怒哀楽を感じず、自分の気持ちがわからないので、主体性を持ち合わせていません。他の人の声や姿を借りることでコミュニケーションがはじめて成立することになります。そのためカエルを飲み込んで、声と姿を借りました。

第12章 摂食障害

カオナシの大食い

〈物語の読解〉

千尋がベランダで「お父さんとお母さん、わからなかったらどうしよう」と考え込んでいると、一匹の竜が、たくさんの白い鳥のようなものに追われながら猛スピードで泳いでくるのが見える。千尋が「あっ、橋のところで見た竜だ。こっちへ来る」と気づいて、「ハクー、しっかりー、こっちよー」と呼びかけると、竜が部屋の中に飛び込んでくる。急いで硝子戸を閉めようとするが、紙の鳥が押し寄せてなかなか閉めることができない。

ようやく硝子戸を閉めて、部屋の中を見ると、そこには口から血を流した白い竜が立っていた。「ハクね？ハクでしょう？　怪我しているの？　あの紙の鳥は行ってしまったよ。もう大丈夫だよ」と呼びかけると、竜は千尋の脇を抜けて、湯バーバのいる最上階へ外壁にぶつかりながら上がっていっていく。瀕死のけがを負った竜のことが心配になって、千尋は湯バーバの部屋に行く決心をかためる。その時、一枚の紙の鳥が背中にくっついたことに千尋は気づかない。

千尋が廊下に出ると、カオナシから砂金をもらおうと従業員達がそろって「おねだり」をしている。途中、従業員の男から止められたため、逆方向に行くと、「どけ、どけ、お客様のお通りだ」と兄役がカオナシと歩いているところに出くわす。「あの時はありがとうございます」と千尋がカオナシにお礼を言うと、カオナシは「ア……ア」と手からたくさんの砂金を出して見せる。千尋がいらないと首を横に振ると、「エ、エ」と困惑する。千尋が「私、忙しいので失礼します」と言って去ると、カオナシの手は震え、山盛りの砂金は床に落ちる。従業員達が砂金に群がっているすきに、千尋は湯バーバの部屋へと向かう。

兄役がカオナシに「これは、とんだ無礼をいたしました。新米の人間の小娘でございまして」と謝ると、カオナシは「お前、なぜ笑う。笑ったな」と言って、湯女と兄役の二人を呑み込んでしまう。その様子を見た従業員達は「ギャー、食ったー」と蜘蛛の子を散らすように逃げ出す。

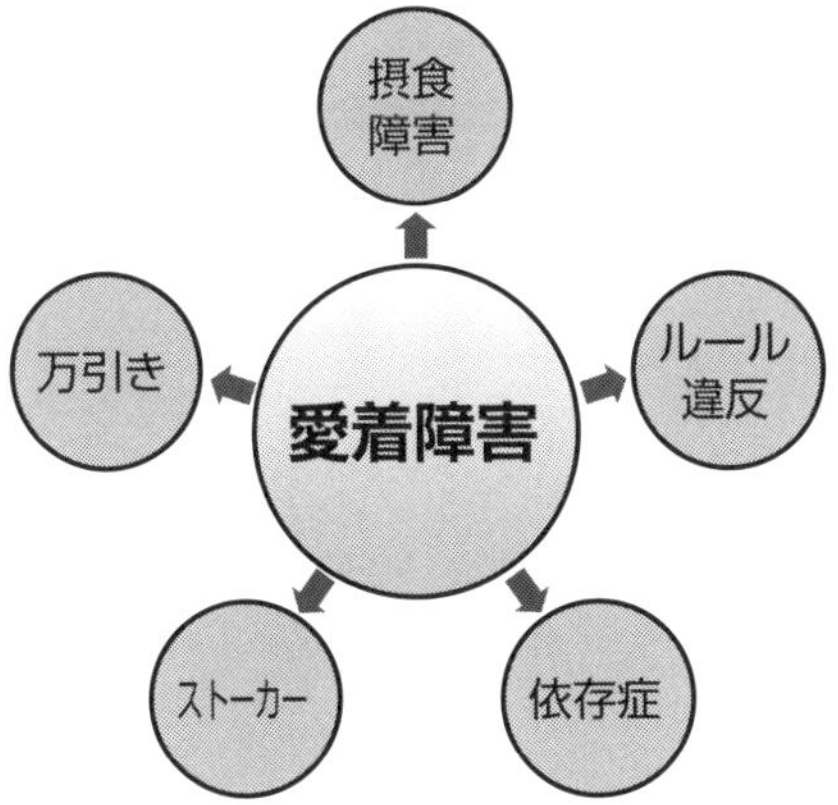

図 24　愛着障害の症状

摂食障害

カオナシは仮面をつけているが、それは自分の顔がないことを意味している。自分の顔がないということは、表情と心が一致せず、自分の気持ちが自分でも理解できない状態を表している。

カオナシは、自己不全感を埋めるために、多様な症状を呈せざるを得ない状態にある。拒食症や過食症に代表される摂食障害は、大人の体になることを回避しようとする症状のひとつであるが、人生早期から誰にも甘えずにがんばってきた子どもの中には、摂食障害になる者がいる。摂食障害とは、自らの甘えを満たすための自己コントロール方法のひとつであり、甘え（食べ物）をコントロールすることで、自己不全感を解消しようとする自助努力的行為とも言える。

カオナシがいくら大食いしても寂しさやむなしさを解消できなかったように、食べ物を際限なくとったとしても自己不全感が完全に解消されることはない。諸々の嗜癖行動に共通して言えることは、どれもが自己治療的行為であることだ。しかしどの自己治療も満足度が1割にも満たないことから充足感が得られず、嗜癖行動となって、自分ではなかなか止めることが困難となる。

　子育てで大切なことは、養育者が子どもの目線に立って子どもの声にしっかりと耳を傾けることや子どものために食事を心を込めて作るなど日常の積み重ねである。自分が大切にされているといった経験の積み重ねが、子どもの心身の土台を作っていくことになるからだ。

　このように摂食障害は、愛着障害の人に見られる症状のひとつだが、拒食症は食事を拒否することで体が大人になるのを回避しようとする自己治療であり、過食症は食事を際限なく取ることで、甘えを満たそうとする自己治療である。どちらも食事をおいしく食べるというよりも、自らの身体をコントロールすることでバランスをとろうとしている点で共通している。カオナシは過食によって巨大化するが、いくら食べても自己不全感を埋めることはできない。

図 25　摂食障害

Q&A

〈質問〉千尋はどうして竜が「ハク」だとわかったのですか。

〈回答〉ハクと別れて振り返った時に白い竜が空を飛んでいくのを見たことやリンからハクが湯バーバの弟子としてやばいことをやらされていると聞いていたからです。

〈質問〉白い紙の鳥のようなものは何ですか。

〈回答〉ゼニーバは物に命を吹き込むことができる魔法使いです。白い紙の鳥は、魔女の契約印を盗んだ白竜を追跡するためゼニーバが魔法で紙に命を吹き込んだもので、ゼニーバの分身のような働きをします。

〈質問〉カオナシはどうして巨体になったのでしょうか。

〈回答〉過食症の人は食べ物を無制限に詰め込むことから体重が急増していきます。愛情の飢餓感を埋めるために、カオナシは食べ物を従業員達におねだりして食べ続けました。その結果、体が巨大化しました。

〈質問〉兄役は笑っていなかったのに、なぜカオナシは「おまえ笑ったな」と言ったのでしょうか。

〈回答〉社会不安障害がある人のなかには、他人が自分の悪口を言っていると感じたり、嘲笑しているように感じる人がいます。カオナシには、社会不安障害があることから、兄役が実際は笑っていなくても、自分をバカにして笑ったと感じました。

第13章 支配欲

命令する湯バーバ

〈物語の読解〉

千尋はタスキ掛けをして腐りかけた配管を伝わり、はしごを上って、湯バーバの部屋を目指す。窓には鍵がかかっていたが、千尋の背中にくっついていた紙の人形が窓の隙間から入り込んで内側から鍵を開ける。隣室からは、「そいつの正体はカオナシだよ。あたしが行くまで余計なことをすんじゃないよ」という湯バーバの声が聞こえ、電話を切った後、竜を処分するよう手下どもに命じる。

坊の部屋のなかに隠れた千尋は、湯バーバが部屋に入る寸前にクッションの中に逃げ込む。湯バーバはクッションの中にいた坊に「いい子でおねんねしててね」とキスをして部屋を後にする。千尋がクッションから出ようとすると、坊が千尋の腕をつかんで放さない。放すようお願いしても、「お前、病気をうつしにきたんだな。ここにいて坊とお遊びしろ」ということを聞かない。「あなた病気なの」と千尋が聞くと、「おんもに行くと病気になるからここにいるんだ」とおかしなことを言う。「こんなところにいたほうが病気になるよ！　あのね、私のとても大切な人がけがしてるの。だからすぐ行かなきゃならないの。お願い、手をはなして」と頼むがはなさない。「行ったら泣いちゃうぞ。坊が泣いたらすぐバーバが来ておまえなんか殺しちゃうぞ。こんな手すぐ折っちゃうぞ」とわがままを言って千尋の腕を折ろうとする。「あとで戻ってきて遊んであげるから」と約束するが、「だめ、今遊ぶの」と駄々をこねる。千尋は、手についた血を見せて、坊が驚いたすきに部屋から飛び出る。

衰弱して横たわる竜に駆け寄り、頭どもや湯バードの攻撃から竜を守ろうとしていると、子ども部屋からヨチヨチと坊が歩いて出てくる。「血なんか平気だぞ。遊ばないと泣いちゃうぞ」と泣きそうな声で言うので、「待って、ね、いい子だから」となだめるが、坊はとうとう大声で泣き出してしまう。

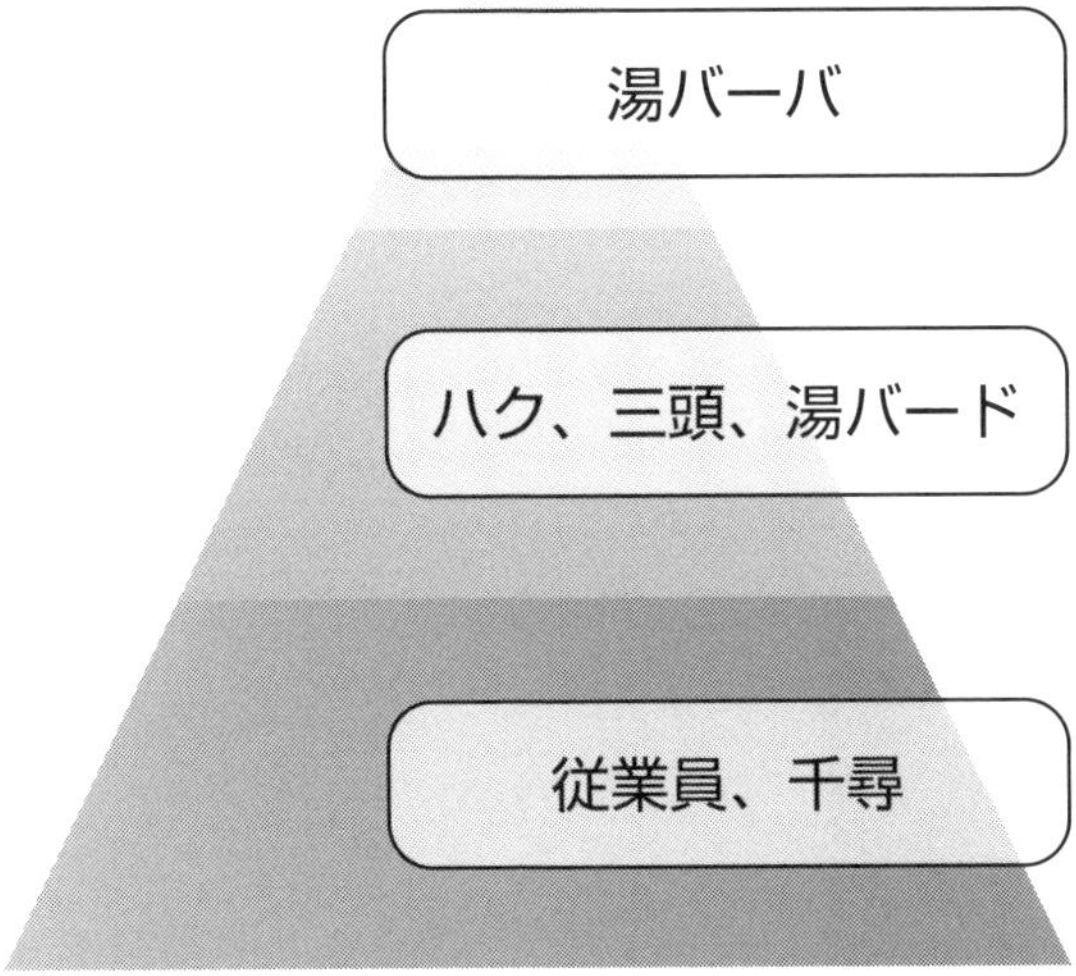

図 26　湯バーバの支配の構図

支配欲

幼児はおもちゃを支配して自分の思いのままに遊ぶ。赤ちゃんは養育者を独占して泣いては世話をしてもらう。**支配欲とは、自分の思い通りに相手を扱おうとする**乳幼児であれば自然な欲望である。

湯屋は湯バーバが支配者として君臨する世界であり、湯バーバは人の名を奪うことで相手を支配する。湯屋の従業員たちは、湯バーバに依存しており、**湯屋全体が嗜癖的世界**となっている。ハクは湯バーバが腹の中に忍び込ませた魔法の虫の力で湯バーバの操り人形と化しており、湯バーバが留守の間だけ自分で考え行動することができるようになる。一方、湯屋は湯バーバの支配力が及んでいる間は、規律が守られて安定しているが、湯バーバが留守の間にカオナシが入り込んだことで、それまでの支配—服従関係が乱れ、規律が崩れて危機的状況に陥る。

アダルトチャイルドとは、年齢的には成人だが、内面は幼い子どものままの状態であり、親に支配され飲み込まれた状態で生きてきた人たちである。彼らが主体的に生活できるようになるためには、坊やカオナシのように、信頼できる他者から気持ちを察してもらい、自尊感情が培われる生活体験を積み重ねていくことが必要となる。

子どもが健やかに育つためには、**親は権威者ではあっても支配者であってはならない**。権威者とは相手から権威のある人として尊敬され信頼される人のことであるが、支配者とは自己中心的に相手を乱用する人のことである。養育者が自分の欲望のままに子どもを乱用していくと、子どもは主体性を奪われて自己を確立していくことが難しくなる。湯屋が湯バーバに支配され続けている限り、従業員の自立は困難であり、湯バーバの支配から脱することができた者だけが自分の足で自らの人生を歩いていけるようになる。

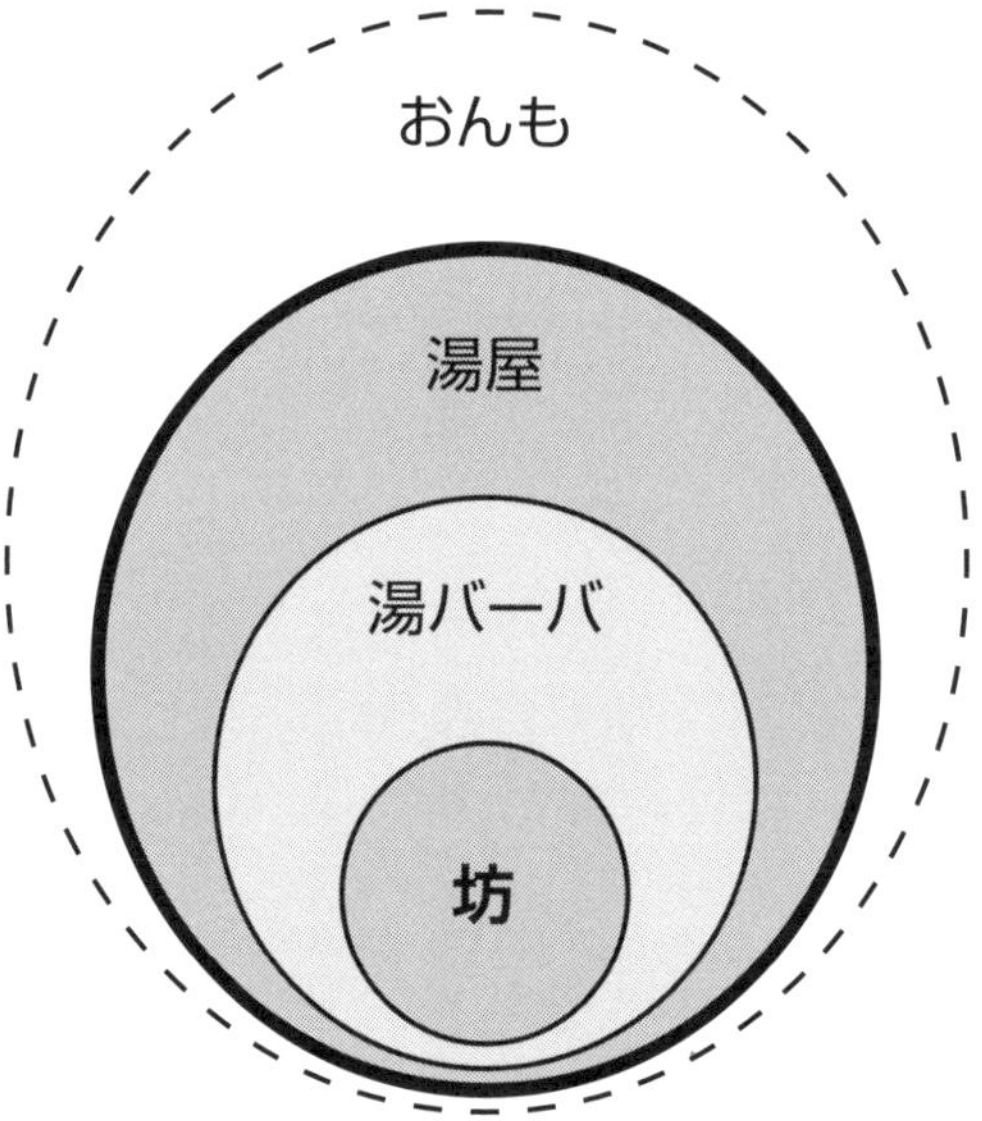

図 27　坊の生活世界

Q&A

〈質問〉湯バーバはどうして侵入した者がカオナシだとわかったのですか。

〈回答〉クサレ神が客として来た時から、湯バーバは何者かが建物の中に侵入した気配を感じていました。湯屋の食堂街にはカオナシたちがうろついていることから、湯バーバは侵入した者がカオナシだと察しました。

〈質問〉坊はどうして千尋がバイ菌をうつしに来たのだと思ったのですか。

〈回答〉坊は一度も湯屋から出たことがないので外の世界を知りません。湯バーバからは外の世界は怖い世界だと教えられてきているので、外の世界から来た人間は悪いバイ菌をうつしに来たと思いました。

〈質問〉坊はどうして千尋に遊んでほしがったのですか。

〈回答〉子どもは遊びを通して成長していきます。坊はこれまで誰とも遊んでもらうことがありませんでした。千尋との出会いは、坊にとって大きな喜びとなり、千尋と遊ぶことが坊のあこがれになりました。

第14章

不浄と清浄

エンガチョを切り、けがれを祓う

〈物語の読解〉

千尋の背中に張りついていた紙の人形がゼニーバの姿に変わる。「バーバ」と声をかける坊に向かって、「やれやれ、お母さんとあたしの区別もつかないのかい、あんたはちょっと太りすぎね」と、魔法で坊をネズミに変える。次に湯バードをハエドリに頭どもを坊に変える。

千尋が「あなたは誰」と尋ねると、「湯バーバのふたごの姉さ」とゼニーバは答え、「お前さんのおかげでここを見物できておもしろかったよ。さあ、その竜を渡しな。そいつは妹の手先のドロボー竜だよ。私の所から大事なハンコを盗み出した」と命じる。千尋はハクが悪いことをするわけがないと反論するが、「この若者は欲深の妹の言いなりだ。盗んだものが死ぬようにハンコには守りのまじないがかけてある」と語る。その瞬間、竜が尻尾を振りおろし、紙のゼニーバは二つに切れて、「あらあら、油断したねえ」と姿を消す。反動で竜は穴に落ちていき、千尋、次いで坊ネズミとハエドリも一緒に落ちていく。

穴の底では魔物たちがうごめいているが、千尋の呼び声で意識を取り戻した竜が最後の力を振り絞ってカマジイの部屋へとつながる横道に入っていく。瀕死の竜を見て、カマジイは「こりゃーいかん。体の中で何かが生命を食い荒らしとる。強い魔法だ」と慌てる。「ハク、これ河の神様がくれたおダンゴ。きくかもしれない。食べて」と千尋が小さく割ったニガ団子を竜の口の奥に入れ、暴れる竜を押さえていると、何やら黒い塊のようなものが竜の口から飛び出してくる。竜が吐き出したものは、魔法の虫がついたゼニーバのハンコだった。

　魔法の虫は、ススワタリたちの穴に逃げ込もうとするが、ススワタリたちに追い払われて逃げ場を失い、ついに千尋に踏みつぶされてしまう。何やら気持ち悪い感触が、千尋の背筋を伝わり、足の裏にはタールのようなネバネバがくっつく。

「エンガチョ、千！　エンガチョ」とカマジイに言われて、千尋は人差し指と親指でワッカを作る。「きった！」とカマジイが千尋のエンガチョを切る。

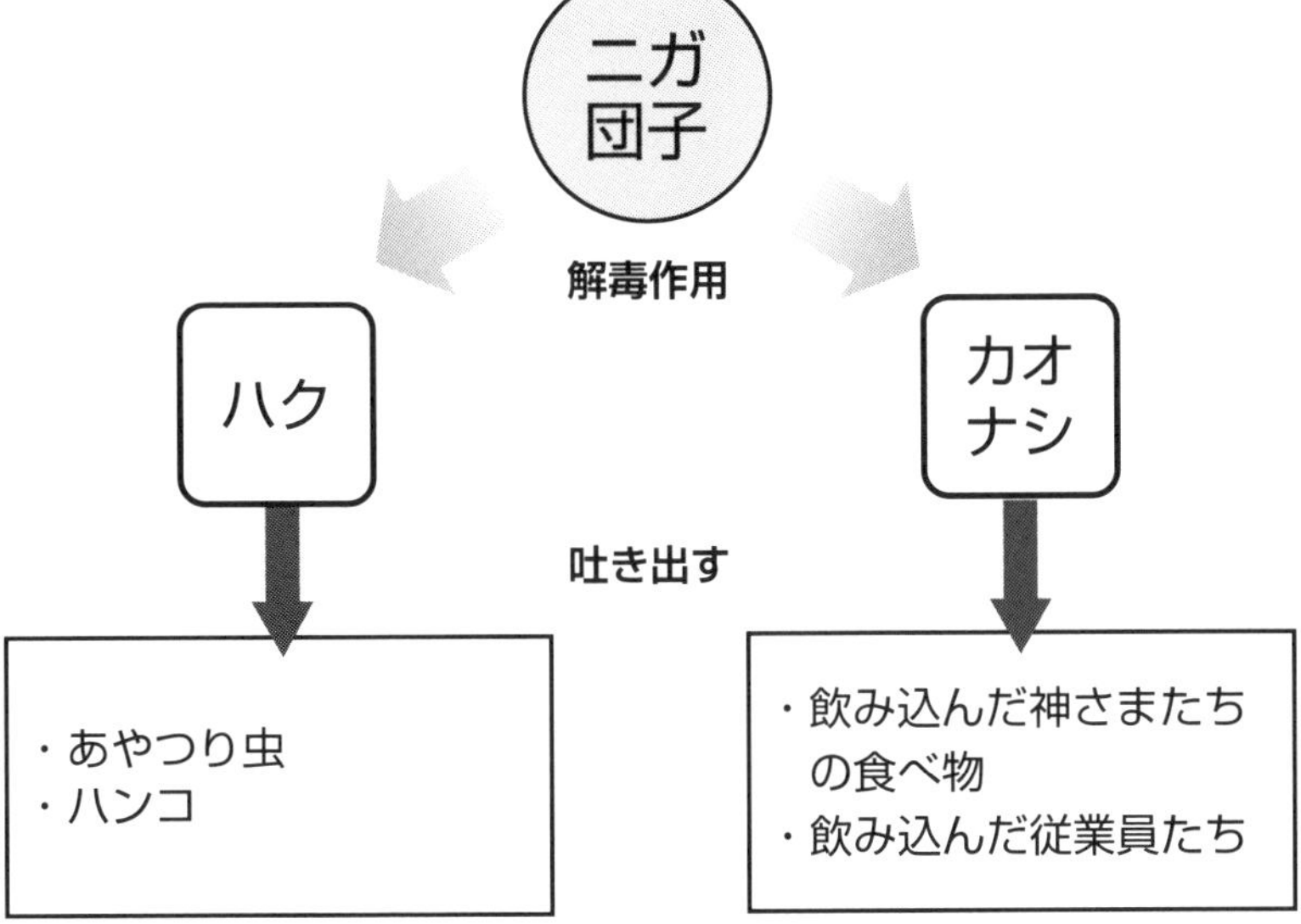

図 28　ニガ団子が解毒したもの

心身の浄化

自然治癒力とは生体が本来持っている「治ろうとする力」のことである。河の神様がくれたニガ団子のおかげで、湯バーバとゼニーバによってかけられていたハクの魔法は解毒されることになる。

ニガ団子には、自然治癒力を賦活する力があることから、ハクはニガ団子のおかげで心身が浄化される。

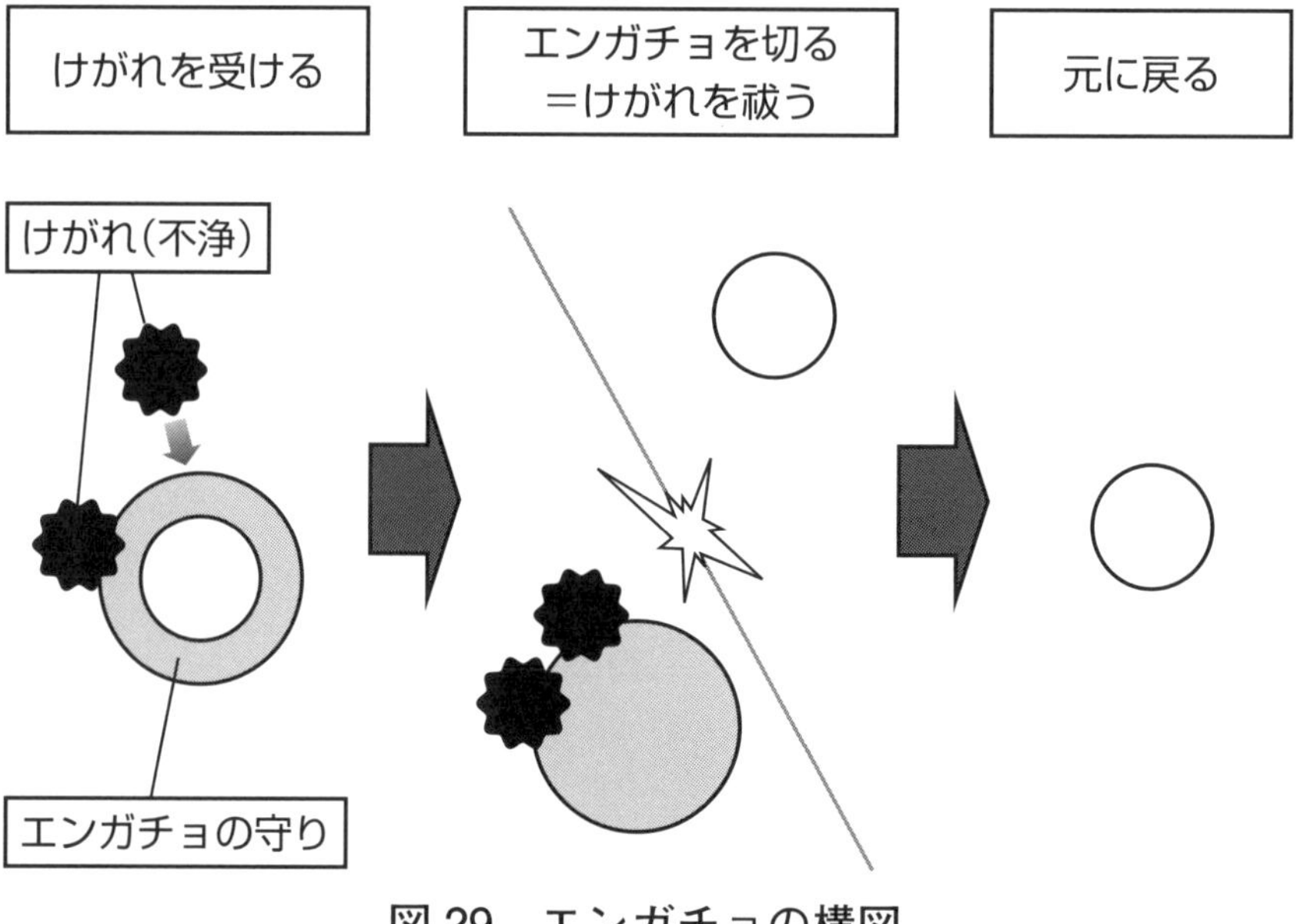

図 29　エンガチョの構図

Q&A

〈質問〉ゼニーバはどうしてハクを殺そうとしたのですか。

〈回答〉魔女の契約印を盗んだからです。湯バーバはゼニーバの魔女の契約印を盗むことで、ゼニーバの魔法を自分のものにしようと企んでいました。

〈質問〉エンガチョとは何ですか。

〈回答〉不浄なものをさわったり見たりした人が第三者に目撃された場合、不浄なものをさわったり見たりした人が親指と人差し指で円を作り、それを第三者によって切ってもらうことで、不浄なものから逃れられるといった昔からある日本の風習です。

〈質問〉紙の鳥がどうしてゼニーバの姿になったのですか。

〈回答〉ゼニーバは物に命を吹き込む魔法が使えます。紙の鳥は湯バーバの化身でもあるので、ゼニーバの意思で動かすことができ、ゼニーバの姿に変わることができました。

〈質問〉ゼニーバの体が透けていたのはどうしてですか。

〈回答〉湯バーバが経営する油屋に、ゼニーバの拠り所はありません。ゼニーバが安心できる家に戻れば、体は透けなくなります。

第15章 居場所がない

片道切符と心のきずな

〈物語の読解〉

千尋がカマジイにハンコが湯バーバのお姉さんの持ち物であることを伝えると、「ゼニーバの？　魔女の契約印か！　そりゃ、またえらいものを」とカマジイは驚く。

千尋はカマジイからハクが湯屋にやってきた時の話を聞く。「ハクはな、千と同じように突然ここにやって来てな、魔法使いになりたいと言いおってな。わしは反対したんだ。魔女の弟子なんぞ、ロクなことはないってな。聞かないんだよ。もう帰る所はないと、とうとう湯バーバの弟子になっちまった。そのうち、どんどん顔色は悪くなるし、目つきばかりきつくなってな」。

カマジイの話を聞いた千尋は、ハンコを返してあやまりたいので、ゼニーバのいる所を教えてほしいと頼む。「ゼニーバの所へか？　あの魔女はコワイぞ」とカマジイは反対するが、「お願い。ハクは私を助けてくれたの」と千尋に頼まれて、「うーん、行くにはな、行けるだろうが、帰りがな……、待ちなさい」と、茶箪笥の引き出しの中を探し始める。

千尋がススワタリ達にクツと服を持ってくるよう頼んでいると、リンが入ってきて、湯バーバが千尋を探していること、カオナシを千尋が引き入れたと怒っていることを伝える。

カマジイが「あった、これだ！」と千尋に海原電鉄の乗り切りの回数券4枚を見せる。「電車の切符じゃん。どこで手に入れたの。こんなの」とリンが尋ねると、「40年前の使い残りだ。いいか、電車で6つ目の沼の底という駅だ」とカマジイは答える。「間違えるなよ。昔は戻りの電車があったんだが、近頃は行きっぱなしだ。それでも行くかだ。」とカマジイが問うと、「うん、帰りは線路を歩いて来るからいい」と千尋は答え、「ハク、きっと戻って来るから。死んじゃだめだよ」と眠っているハクに声をかけ、リンと湯バーバの所に向かう。

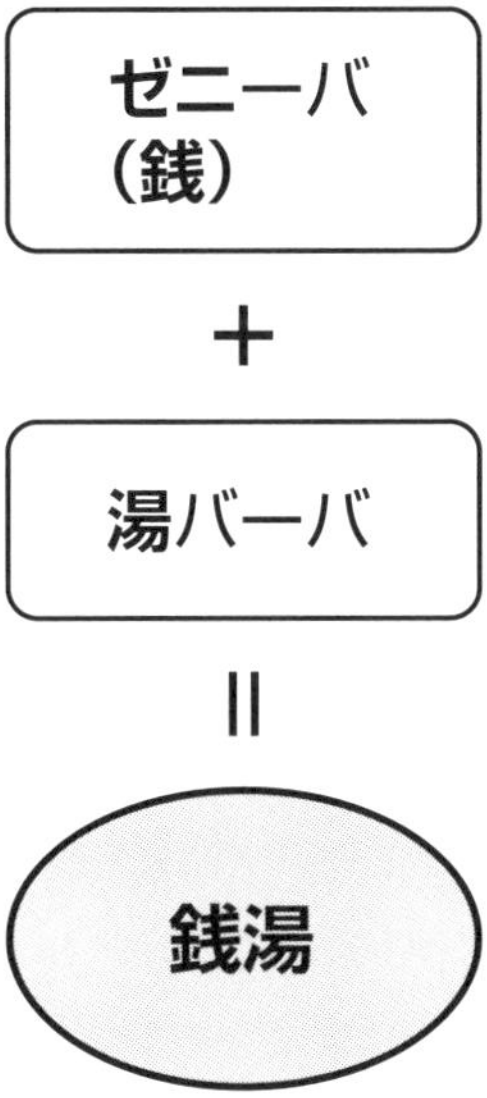

図30　湯バーバとゼニーバの銭湯

銭湯と人々の心のきずな

かつて日本にはたくさんの銭湯があった。人々は銭湯にでかけては、その日あったできごとや世間話をしたりして交友を深めていた。湯バーバとゼニーバが仲違いする前は、湯屋と沼の底の間を列車が往復し、銭湯は開かれた地域の拠点となっていた。二人が仲違いした後は、列車は片道のみとなり、住人の拠点は消失してしまった。

体が透ける意味

(1)千尋の体が透ける

千尋の体が透けたのは、不思議の世界の食べものを食べていなかったからである。不思議の世界の食べものを飲み込むことは、思春期特有の変化を受け入れることを意味しており、「モラトリアム（猶予）期間」を生きることを意味している。不思議な世界の食べ物を無理やり飲み込むことは、子どもが思春期に生じる自らの心身の変容を受け入れることでもあり、社会への第一歩を踏み出す覚悟を意味する。千尋はハクがくれた食べ物を飲み込んだことで思春期の変化を受け入れる準備ができた。

（2）ゼニーバの体が透ける

ゼニーバの体が湯屋では透けていたが、それはなぜか。ゼニーバの**居場所は湯屋にはもはやない**。40年前に湯バーバと仲違いしてからというもの、湯バーバとゼニーバは双子の姉妹ではあっても、お互い敵対し合う間柄となってしまった。

40年前、銭湯は日本のいたるところにあった。筆者も子ども時代、親に連れられて、よく近所の銭湯にでかけたものだ。そこには、赤ちゃんからお年寄りまで地域の人たちが背中を洗い合ったりしてコミュニケーションをはかっていた。現在も特定の地域で銭湯は健在ではあるものの、日本の社会全体からは姿を消そうとしている。ゼニーバ（銭：自立・癒し）と湯バーバ（湯：甘え・嗜癖）とが仲違いしてからというもの、人々の拠点としての銭湯は不思議の世界から姿を消してしまった。

（3）カオナシの体が透ける

カオナシは体が巨大化した後も透けている。カオナシの体が透けているのはなぜか。カオナシには愛着障害がある。愛着障害とは、乳幼児期に養育者との間にアタッチメント（基本的信頼関係）ができず、その後も尾を引いている状態である。エリクソンの発達図式を見ると、人間には関係性の発達があり、愛着関係が土台となって、その後の人間関係が広がっていくことになる。カオナシの体が透けているのは、**安心して生きられる拠点**が世界中どこにもないからである。

（4）列車の乗客の体が透ける

列車の乗客全員の体が透けていて顔もはっきりしない。列車に「目」が積まれているのは、思春期の発達課題を列車の乗客たちも達成していく必要があることを示唆している。一方通行の列車の乗客に帰る家はない。家に帰るためには往復切符が必要だからだ。帰りの切符を持たない乗客の体は透けている。湯バーバとゼニーバが仲直りして列車が往復するようになれば、乗客たちは**拠点を持てる**ようになって体は透けなくなるはずである。

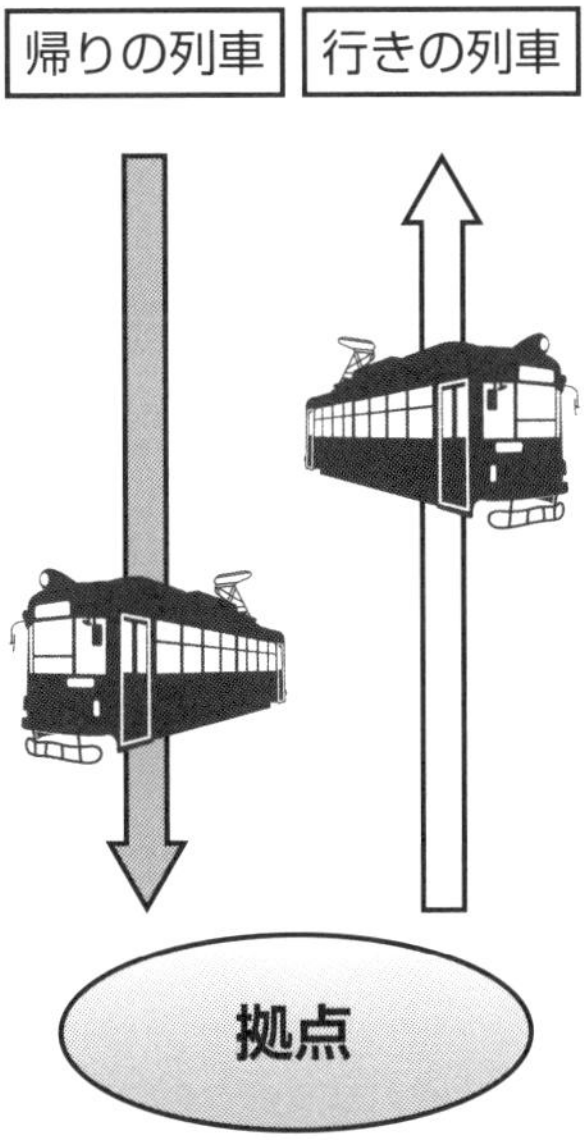

図31　往復列車と人々の拠り所

Q&A

〈質問〉ハンコにくっついていた虫を千尋はどうして踏みつぶしたのですか。

〈回答〉ニガ団子の力でハクを苦しめていた魔法の虫が口から吐き出されたことから、その虫をやっつけなければ、ハクが助からないと思ったからです。

〈質問〉ハクはどうして魔法使いになりたいと思ったのでしょうか。

〈回答〉魔法使いになれば、魔法の力で自己を取り戻せると考えたからです。

〈質問〉千尋はハクが助けてくれたから、私もハクを助けると言っていますが、ハクが千尋を助けたのは、具体的にどのようなことだったのでしょうか。

〈回答〉千尋の体が透けてなくなる前に不思議の世界の食べものを口に入れてくれたこと、不思議の世界で生きのびる方法をおしえてくれたこと、豚になった両親に会わせてくれたこと、元気になるおにぎりを握って食べさせてくれたことなどです。

第16章 溺愛の心理

湯バーバはネズミが坊だと気づかない

〈物語の読解〉

湯屋ではカオナシが巨大化し凶暴になっていて、湯バーバでも抑えられなくなっていた。大部屋から「千はどこだ、千を出せ」とカオナシの声が聞こえてくる。

湯バーバのそばに坊ネズミをぶらさげたハエドリが近づいてきて、坊ネズミが「チュウ」と甘えた声で鳴くと、「なんだい、そのきたないネズミは」と湯バーバはいかにも嫌そうに言い放つ。「あの……ご存じないですか?」と千尋が聞くと、「知るわけないだろう、おーいやだ」と湯バーバは言って、「さあ、行きな」とカオナシが待つ部屋に千尋を入れる。

食べものの残骸が散乱する部屋にカオナシと対面して座る千尋。口からよだれを垂らしたカオナシが千尋に食べものを勧めると、「あなたはどこから来たの? 私すぐに行かなきゃならないとこがあるの」と、カオナシの質問には答えずに千尋は問いかける。「あなたは来た所へ帰ったほうがいいよ。私が欲しいものはあなたには絶対出せない。お家はどこなの。お父さんやお母さんいるんでしょう?」と問うと、「イヤダ、イヤダ、さみしい」とカオナシは顔を体の中に埋める。「お家がわからないの?」と千尋。「千ほしい、千ほしい。ほしがれ」と千尋の首をしめようとするカオナシの手に坊ネズミが噛みつく。「私を食べるなら、その前にこれを食べて。ほんとはお父さんとお母さんにあげたかったんだけど、あげるね」とニガ団子をカオナシの口に放り込むとカオナシは苦しそうにヘドロを吐き出す。

その後、カオナシの態度は一変し、「小娘が何を食わしたー」と大口を開けて追いかけてくる。執拗に千尋を追いかけるが、途中で女中と兄役を吐き出し、元のおとなしいカオナシに戻っていく。湯屋の外にリンが大桶の船で待っている。「あの人、湯屋にいるからいけないの。あそこを出たほうがいいんだよ」と千尋はカオナシについて来るよう呼びかける。「沼の底までお願いします」と千尋が４人分の切符を車掌に出すと、後ろにカオナシが立っている。「あなたも乗りたいの」と聞くと「あ、あ」と首を縦に振るので、一緒に沼の底に向かうことにする。車内には体が透けた乗客たちが乗っていたが、「沼原駅」で降りていったので、その後、乗客は４人だけとなる。

溺愛する心

坊は湯バーバに溺愛されて育ったせいで、ひとりでは何もできない（自分の足で歩くことさえままならない）巨大な赤ん坊のまま成長が止まっている。子どもである千尋がはじめて湯バーバの部屋に行った時に坊は暴れて扉を蹴破り、物を壊していた。この時の様子から坊は家庭内暴力のモデルと言える。過保護・過干渉の親は、子どもが自律・自立しようとする力をいつの間にか削いで主体性を奪っているが、そのことに親自身気づいていないことが多い。

人が本物とニセモノを見分けられるようになるためには、他者の気持ちを察する力が必要となる。そのためには、他者から気持ちを察してもらう経験が不可欠

養育放棄	・未熟な親 ・自分たちが作った子
ほどよい養育	・成熟した親 ・授かりものの子
過保護	・未熟な親 ・ペットとしての子

図 32　親の養育姿勢

である。

湯バーバはネズミが坊だとわからなかったが、それは湯バーバが坊の外見にのみ目を奪われ、内面の成長に全く気づいていなかったことがひとつ理由としてあげられる。

それまで湯バーバは坊を部屋から出さずに育ててきており、このことは、坊がさまざまな経験を積み重ね社会性を育んでいく機会を奪うと同時に、他者との出会いのない状態に置くことで対人関係を広げるチャンスを摘んできたことを意味している。湯バーバにとって坊はあくまでも私有物であり、将来大人になっていく実存としての考えはない。湯バーバは湯屋の支配者であり、他者から気持ちを察してもらう必要がないわけだが、養育者が子どもの支配者であり続ける場合、子どもの気持ちを察する必要がないことから、子どもの主体性が育たず、坊のような未熟な人格のまま成長が滞ってしまうおそれがある。

もうひとつ湯バーバが坊のことが見分けられなかった理由として、坊の内面が十分育っていなかったことがあげられる。新生児には手首と足首に取り間違えられないよう親の名が書かれたバンドが付けられるが、これは新生児同士が似ていて、親でさえ見分けがつかないことを意味している。坊の内面が未熟な赤ん坊であったことから、湯バーバはネズミと坊の違いに気づくことができなかったとも言えよう。

Q&A

〈質問〉湯バーバは、ネズミのことを坊だとなぜ気づかなかったのですか。

〈回答〉我が子を溺愛しペット化している親は、自らの甘えを満たすために子どもを利用しています。子どもの内面の成長に気づかず、外側にしか価値を置くことができない湯バーバは、坊がネズミに変わったことに気づきませんでした。

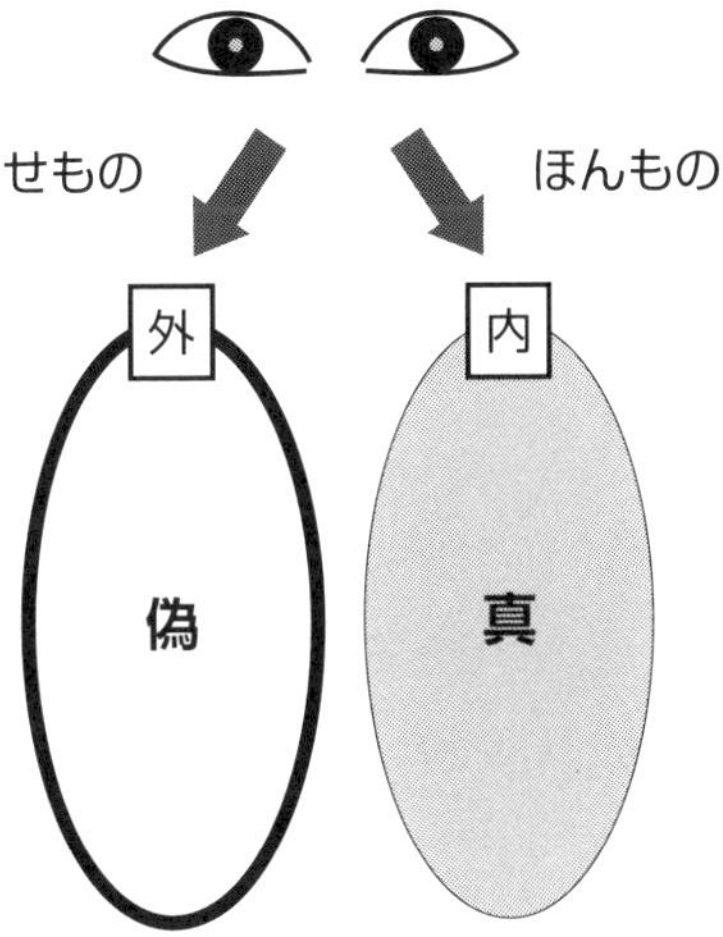

図 33　本物とニセモノを見分ける目

〈質問〉カオナシはどうして凶暴化したのですか。

〈回答〉ストーカーは相手が自分の思い通りになっている間はおとなしいですが、相手が自分の思い通りにならないと凶暴化します。幼児が欲しいおもちゃを親が買ってくれないと床に寝そべって駄々をこねる姿と似ています。

〈質問〉「私が欲しいものはあなたには絶対に出せない」と千尋が言っている絶対に出せないものとは何ですか。

〈回答〉相手を思いやる心です。千尋が欲しいものは「思いやり」です。カオナシには「思いやり」がありません。

〈質問〉千尋はどうしてカオナシが湯屋にいるからいけないのだと言ったのですか。

〈回答〉湯屋は嗜癖的世界です。カオナシのように愛着障害のある人にとっては、湯屋を出て信頼できる他者との間で基本的信頼関係を形成していく必要があるため、湯屋にはそのような環境が望めないと感じたからです。

第17章 恋愛の心理

ハクと千尋双方の思い

〈物語の読解〉

ハクが目を覚ましてカマジイの体を揺すると、カマジイも目を覚ます。「おじいさん、千はどこです。何があったのでしょう。教えてください」とハクが言うと、カマジイは、これまでのいきさつを教えてくれる。

坊（頭ども）がお菓子をむさぼり食う横で、「千のバカが、せっかくのもうけをフイにしちまって……」と湯バーバが文句を言っていると、父役と兄役とカエルの三人が「でも、千のおかげでおれたち助かったんです」と千尋をかばう。「あの子は自分の親を見捨てたんだ。親豚は食べごろだろ。ベーコンにでもハムにでもしちまいな」と湯バーバが命じているところに「お待ちください」とハクが入ってくる。

「なーんだい、お前、生きてたのかい」と湯バーバが驚くと、「まだ、わかりませんか。大切なものがすり替わったのに」とハクは表情を変えずに伝える。「ずいぶん生意気な口をきくね。いつからそんなエラくなったんだい」と湯バーバはギロッとハクを睨みつけ、砂金をつまむと、砂金が土くれに変わる。

坊の魔法が解けて頭どもの姿に変わった途端、「ああ、ンギャー、坊ー」と湯バーバは髪を逆立て坊を探し回る。口から炎を吹き出し、「おのれー、言えー、あたしの坊をどこへやったー」とハクに攻め寄ると、ハクは冷静に「ゼニーバの所です」と答える。その途端、湯バーバの炎は消え、「ゼニーバ、ああ……」と憔悴しきった様子で椅子に座りこむ。「なるほどね、性悪女め、それであたしに勝ったつもりかい、で、どうするんだい」と居直る。

「坊を連れ戻してきます。その代わり千と両親を人間の世界へ戻してやってください」とハクが提案すると、「それでお前はどうなるんだい。その後、私に八つ裂きにされてもいいんかい」と湯バーバはすごむ。

図34　恋愛と結婚

恋する心

これまで数多くの恋愛小説で取り上げられてきたように、「恋する心」とは、語りつくせないほど多種多様な様相を呈するものである。が、その本質については、以下のような簡単な言葉で言い表わせるのではないだろうか。

（1）いま、ここ、に生きる人間のあこがれを伴った感情の表われ

（2）他者に魅かれる心のあり様

（3）自己中心性の欲望と他者を思い求める欲望とが奇跡のように一致するという経験（竹田、1993）

図35　恋する心

Q&A

〈質問〉砂金はどうして土くれに変わったのですか。

〈質問〉カオナシには、本物と見かけが同じニセモノを出す力があります。カオナシは、従業員たちが川の神さまの砂金に魅せられていた様子を陰から見ていたことから、砂金を出せば人は何でも言うことを聞くと考え、土を砂金に見せかけて出しました。

〈質問〉湯バーバはどうして坊が頭どもと入れ変わったことに気づかなかったのですか。

〈質問〉湯バーバが坊ネズミのことが坊だと気づかなかったのと同じく、頭どものことも外見だけしか見ていないので、坊と入れ替わったことがわかりませんでした。

〈質問〉ハクから坊がゼニーバの所にいると聞いて、どうして湯バーバは意気消沈したのですか。

〈質問〉ゼニーバのほうが湯バーバよりも魔法の力にしろ、人間的な器にしろ上なので、ゼニーバにはかなわないことがわかっていたからです。

〈質問〉ハクの頼みに対して、湯バーバは「八つ裂きにされてもいいのか」とハクを脅しますが、実際、ハクは湯バーバから八つ裂きにされてしまったのでしょうか。

〈質問〉湯バーバがハクの腹の中にしのびこませた虫を千尋が踏みつぶしたことから、ハクは湯バーバの支配から脱することができました。また、ハクは自分の本当の名を思い出したことから、主体的に生きられるようになりました。**自己確立できた人間は、支配者に服従せずに生きられる**ようになります。コハク川は埋め立てられても、川には必ず上流が存在しています。コハク川の上流にハクの命の源が存在しています。千尋と出会い、名前を取り戻したハクは、湯バーバに八つ裂きにされることなく、いずれ不思議の世界を出て行くことになります。

第18章

思いやりの心理

髪どめにこめられた願い

〈物語の読解〉

沼の底に列車が到着し、4人は下車する。ハエドリが坊ネズミの重さに耐えきれなくなって、地面に下ろして肩で息をしていると、坊ネズミは自分の足で歩き出す。一本足の電灯の案内で4人は森を抜けてゼニーバの家に到着する。

千尋が魔女の契約印をゼニーバに返そうとすると、「お前これを持ってて何ともなかったかい。あれ？　守りのまじないが消えてるね」とゼニーバは不思議そうな顔をする。「すみません、あのハンコについてた変な虫、あたしが踏みつぶしちゃいました」と千尋があやまると、ゼニーバは、虫は湯バーバが竜を操るために腹の中に忍び込ませた魔法の虫で、ハンコにはそれを持つ者が死ぬように呪いをかけてあったと大笑いする。

ゼニーバは、「お前を助けてあげたいけど、あたしにはどうすることもできないよ。この世界の決まりだからね。両親のことも、ボーイフレンドの竜のことも。自分でやるしかない」と言う。千尋が「でもヒントとか何かもらえませんか？　ハクと私、ずっと前に会ったことがあるみたいなんです」と聞くと、「じゃ、話が早いよ。一度あったことは忘れないものさ。思い出せないだけで」と教えてくれる。

坊ネズミとハエドリがつむぎ車を回し、カオナシが糸をつむぎ、その糸でゼニーバが髪どめを編んでいる。早く帰らないと両親とハクが心配だと千尋が泣きながら訴えると、ゼニーバは、「もうちょっとお待ち。さあ、できたよ。髪どめにお使い」と千尋にみんなで作った髪どめのお守りをプレゼントする。その時、窓ガラスがガタガタと音を立てて揺れ、千尋が外に出ると、そこには白竜が立っていた。元気そうなその姿を見て、千尋は安堵する。ゼニーバが「ハク竜、あなたのしたことはもうとがめません。そのかわり、その子をしっかり守るんだよ。さあ、坊やたち。お帰りの時間だよ。また遊びにおいで」と言うと、坊ネズミがゼニーバにお別れのキスをする。「お前はここにいな。あたしの手助けをしておくれ」とカオナシに伝えると、「あ…、あ」と縦に首を振って、カオナシはゼニーバの元に残ることに同意する。

思いやりの心

みんなで力を合わせて作った髪どめは、思いやりの心が詰まった千尋へのプレゼントとなった。ゼニーバの贈り物が千尋のお守りとなったのに対し、カオナシからの贈り物はそうはなっていない。カオナシは千尋が喜ぶと思ってたくさんの砂金を出し、ごちそうを食べさせようとしたが、千尋からは「いらない」と断ら

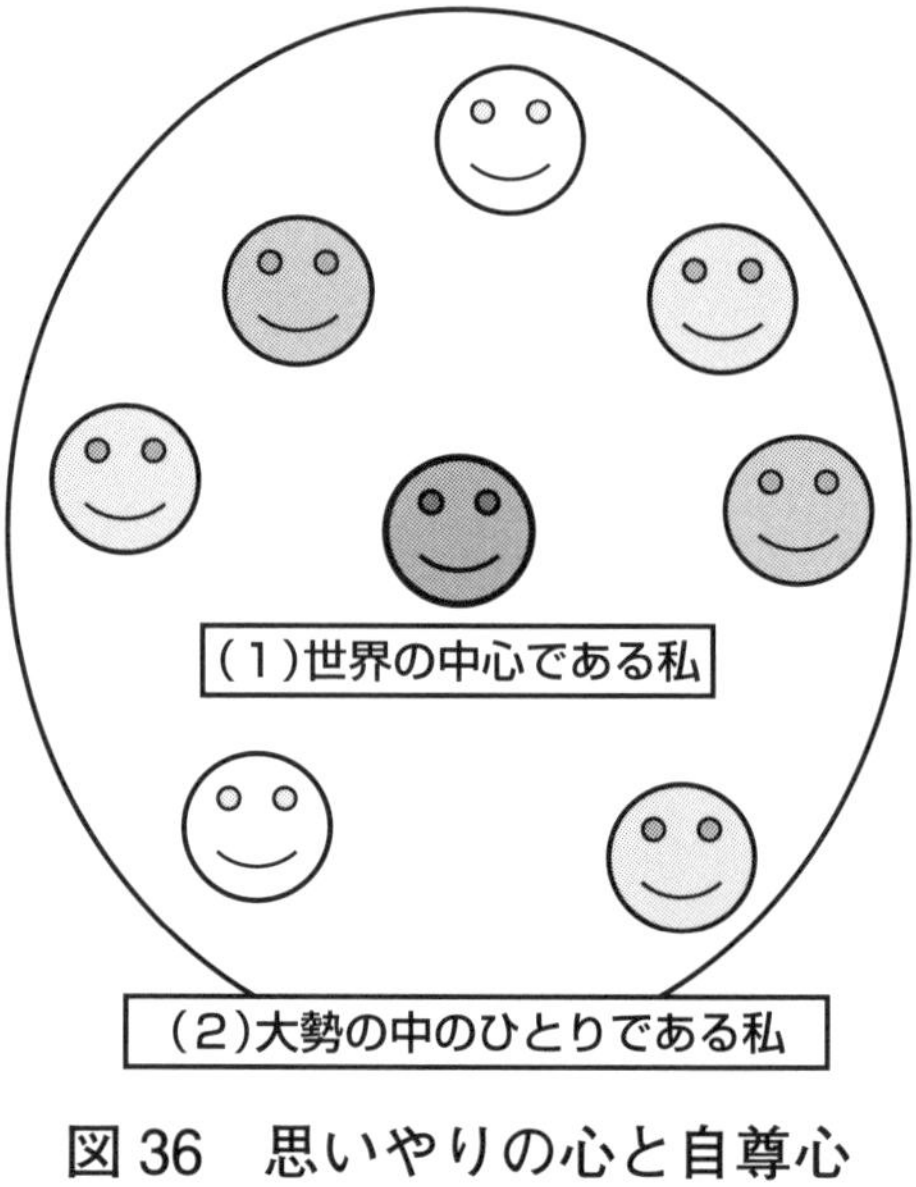

図 36　思いやりの心と自尊心

れてしまったからだ。カオナシの思いが千尋には届かず、かえって嫌がられる結果となってしまった。ゼニーバの贈り物には千尋を思いやる心が詰まっているのに対し、カオナシの贈り物には相手を思いやる心がないことが双方の大きな違いである。

思いやりの心とは、相手を尊重すると同時に、自分をも大切にできる行為に他ならない。思いやりの心が育っていくためには、自分を思いやれる心を育てていく必要がある。カオナシのように自己中心的な人物が相手を思いやれるようになるためには、自分が大切にされる経験を積み重ねていくことが重要となる。安心できる生活拠点を持ち、他者から心を察してもらう生活の積み重ねが、思いやりの心を育てていくうえで必須となる。

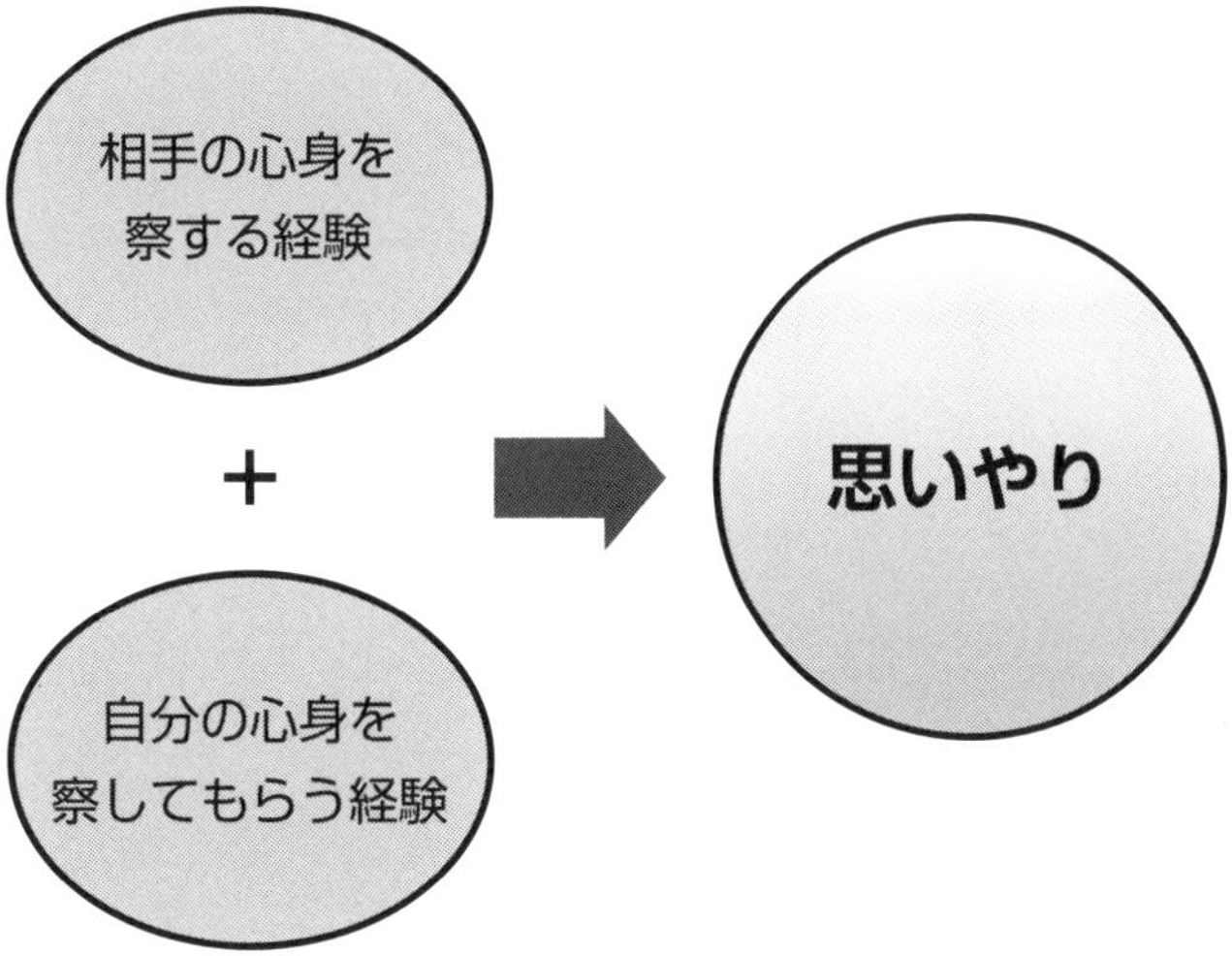

図 37　思いやりの心

Q&A

〈質問〉坊とハエドリは、魔法が切れているのになぜもとの姿に戻らなかったのですか。

〈回答〉千尋との旅が楽しかったので、もとの窮屈な生活には戻りたくなかったからです。

〈質問〉カオナシは、どうしてゼニーバの家に残ったのですか。

〈回答〉カオナシには、愛着障害があって、基本的信頼関係が充分育っていないといった特徴があります。ゼニーバから気持ちを察してもらう生活を積み重ねていくことで、基本的信頼関係を他者との間で構築していく必要があるので、ゼニーバの家に残りました。

〈質問〉ゼニーバと坊ネズミとハエドリとカオナシが力を合わせて作った髪どめには、どのような力があるのですか。どうして魔法で作ると何にもならないのですか。

〈回答〉おふくろの味が子どもの心を育てるのと同じように、**相手のことを思って作られた手作りの作品には、その人を守る力**があります。魔法で作られた品物は、手間暇かけることなく簡単にできてしまうことから、相手を思いやる気持ちを込めることが難しくなります。

第19章 トラウマからの回復

名前を思い出す

〈物語の読解〉

千尋が「おばあちゃん！　ありがとう、私、行くね」言って、ゼニーバに抱きつくと「大丈夫、あんたならやりとげるよ」とゼニーバから励まされる。「私の本当の名前は千尋っていうんです」と千尋は告げる。「ちひろ……いい名だね。自分の名前を大事にね」とゼニーバから祝福され、「さっ、おいき」と促される。「おばあちゃん、ありがとう。さようなら」。ゼニーバに別れを告げて、千尋は竜の首にまたがり、空へと舞い上がる。

しばらくすると、幼い時、川に落ちた記憶がよみがえってくる。「ハク、聞いて。お母さんから聞いたんで、自分では覚えてなかったんだけど、私、小さい時、川に落ちたことがあるの。その川はもうマンションになって埋められちゃったんだって。でも、いま思い出したの。その川の名は……、その川はね、コハク川。あなたの本当の名前はコハク川」と千尋が言った瞬間、竜のうろこがキラキラした光となって剥がれ落ち、ハクの姿になる。

「千尋、ありがとう。私の本当の名はニギハヤミコハクヌシだ」と、ハクは千尋に自分の本名を告げる。「すごい名前、神様みたい」と千尋。「私も思い出した。千尋が私の中に落ちた時のことを。クツを拾おうとしたんだよ」とハク。「コハクが私を浅瀬に運んでくれたのね。うれしい」と、千尋はトラウマとなっていた過去を思い出し、大粒の嬉し涙をこぼす。

自分の名を取り戻したハクは、心の目詰まりが取れる。二人は、未来の希望へと向かって手をつないで空を飛んでいく。

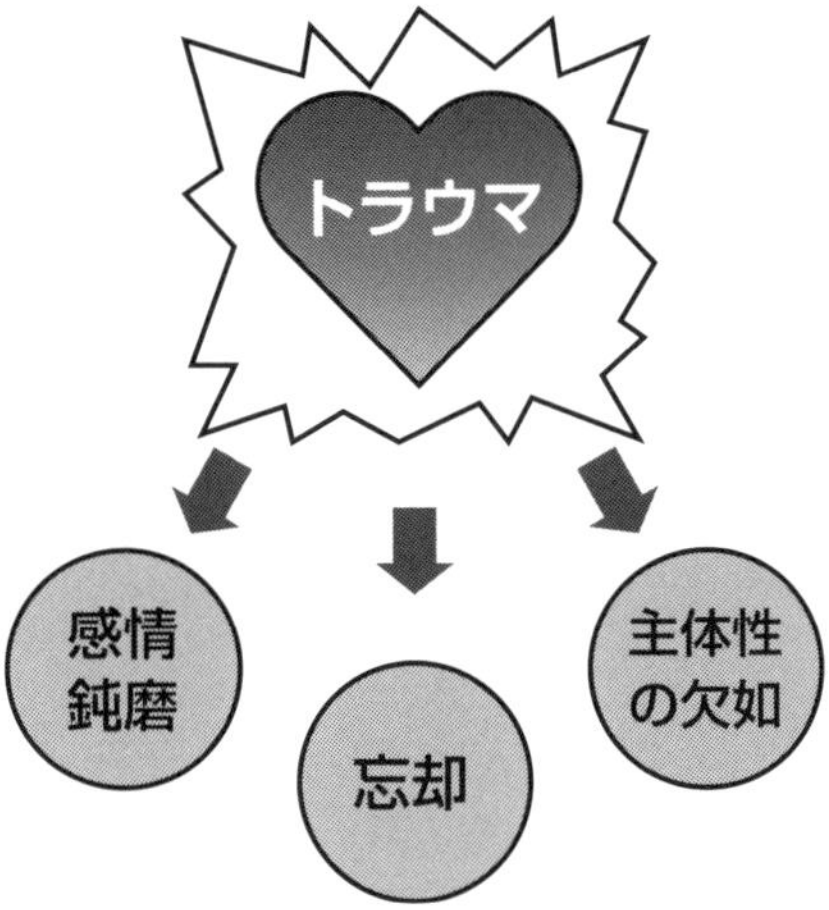

図 38　トラウマ（心的外傷）

トラウマからの回復

トラウマ（心的外傷）は、被害者から主体性を奪うことが知られている。トラウマからの回復には、被害者の安全確保が大切であり、安心できる場所で主体性を取り戻していく作業が必要となる。

湯バーバは相手の名を奪って支配する魔女だが、名を奪われた人々は、主体性を奪われ、湯バーバの支配下に置かれることになる。千尋は、湯バーバとの契約書で、荻野を萩野と誤って書いたことや、名を取られかけていた時に自分の名が書かれたカードを見たことで、本当の名を奪われずにすんだ。

一方、ハクはコハク川が埋め立てられマンションが建造されたことで、自分の名を思い出すことができないでいた。自己不全感に悩んだハクは、魔法使いになれば自分の名（自己）が取り戻せると考え、湯バーバの弟子となった。

千尋は、幼い時、川でおぼれた時にハクが浅瀬に運んでくれたおかげで命拾いしている。川でおぼれた体験は、千尋のトラウマとなっていた。千尋とハクは、お互いのトラウマ体験を共有することで、トラウマに言葉を与え、主体性を取り戻すことができた。

同じ事件に遭遇した人たちが、事件直後にそれぞれの体験を語り合うことが大切だとされるのは、**トラウマに言葉を与えることで、辛い体験記憶を冷凍保存せずにすむ**からである。

一度冷凍保存されたトラウマ記憶は、過去の記憶を閉じ込め、心の目詰まりとなって人々を苦しめることになる。これまでのＰＴＳＤ（心的外傷後ストレス障害）研究は、そのことを物語っている。

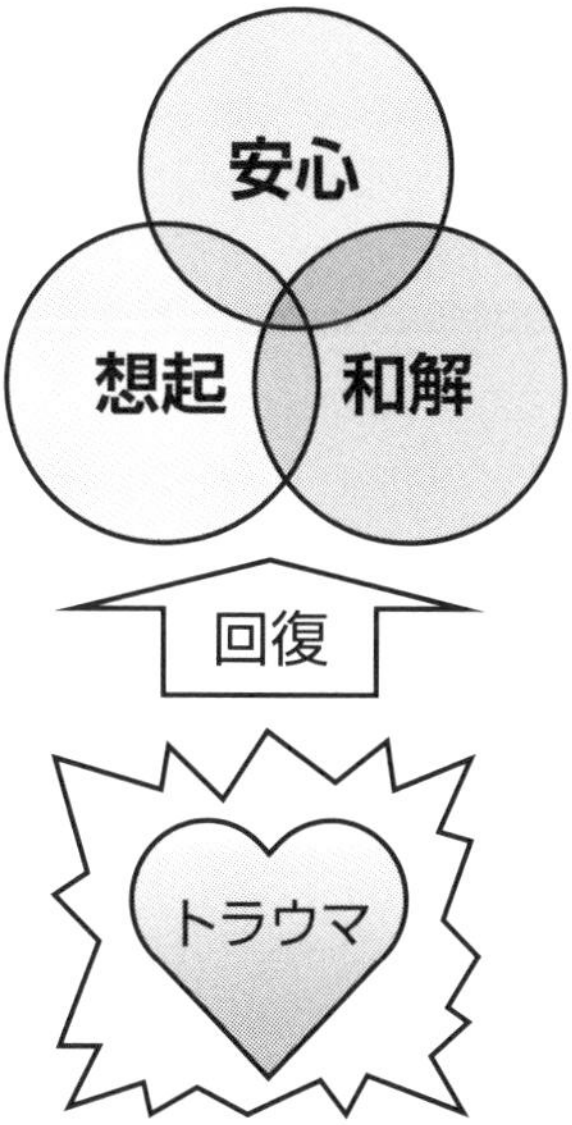

図39　トラウマからの回復

Q&A

〈質問〉カオナシって何者ですか？　カオナシについてもう少し詳しく教えて下さい。

〈回答〉カオナシに声はありますが、コミュニケーションとしての〝ことば〟はありません。自分の顔がなく、自分の〝ことば〟を持たない者には自己がありません。カオナシは、仮面をつけ、他人の〝ことば〟を使うことしかできない、人格が未熟なストーカーモデルです。

〈質問〉カオナシは何故これほどまで千にこだわるのでしょうか。

〈回答〉カオナシは千尋を橋で見かけた時、ひとめぼれしてしまいました。カオナシの対人関係レベルは、坊と同じく赤ちゃんレベルです。赤ちゃんがお母さんを独占するように、千尋を自分のものにしようと命がけです。その愛情表現は自己中心的で、千尋のこころには届きません。寂しさを満たすために、大食いをしますが、愛情の飢餓感は満たされません。

〈質問〉カオナシはどうして手から砂金を出すことができるのでしょうか。

〈回答〉カオナシはストーカーです。相手の気持ちとは無関係に欲しいものがあれば自分のものにしようとします。カオナシは誰もが欲するはずの砂金を出すことで、千尋の気持ちを自分に引きつけようとしました。カオナシは自分の顔や言葉を持たず、自己がないので、借り物の魔法しか使えません。川の神様の真似をして砂金を出しました。

〈質問〉カオナシは、カエルや人間を飲み込むことで、どうして体が透けなくなり、巨大化したのでしょうか。

〈回答〉摂食障害は、「寂しさ」を埋めるため食べ物をお腹に詰め込んだり、大人の体になることを拒否するため拒食したりして自分の身体をコントロールする症状です。カオナシはカエルを飲み込んで、愛の飢餓感を埋めようとしました。カエルの声を獲得し、カエルの体を自分の物にし、大食いしたことで、カオナシは巨大化しました。しかし、愛情の飢餓感は、いくら食べても埋めることはできません。一瞬体が透けなくなりますが、すぐに透けてしまいます。

第20章

自己確立

豚の中に親はいない

〈物語の読解〉

千尋たちを湯屋の従業員たちが迎える。橋の反対側に4人が降り立つと、湯バーバが「坊は連れて戻って来たんだろうね」と聞く。坊が橋の真ん中に立つと、湯バーバは坊に抱きついて、「あなた一人で立てるようになったの」と驚く。

「湯バーバさま、約束です。千尋と両親を人間の世界に戻してください」とハクが頼むと、「フン、そう簡単にはいかないよ。世の中にはキマリというものがあるんだ」と湯バーバは反論するが、坊が「バーバのケチ、もうやめなよ。坊、とてもおもしろかったよ」とたしなめると、「でもさ、これはキマリなんだよ。じゃないと呪いが解けないいんだよ」と弁解する。

千尋が「おばあちゃん、いま、そっちへ行きます。おきてのことはハクから聞きました」と言うと、湯バーバは「おばあちゃん」という言葉に反応しながらも、「いい覚悟だ。これはお前の契約書だよ、こっちへおいで」と呼んで、「この中からお前のお父さんとお母さんを見つけな」と豚たちの前に千尋を連れて行く。「チャンスは一回だ。ぴたりと当てられたら、お前たちは自由だよ」と言われ、千尋は真剣に豚たちを見つめる。

「ん？　おばあちゃん、だめ、ここにはお父さんもお母さんもいないもん」と答えると、「いない？　それがお前の答えかい？」と湯バーバ。「うん」と千尋。そのとたん契約書は音を立てて消え、豚に化けていた従業員たちが「大当たりー」と言いながら元の姿に戻る。その後、人々から祝福されながら、千尋は湯屋を後にする。

橋の向こうで待っていたハクに「お父さんとお母さんは？」と聞くと、「先に行ってる」と答える。二人が手をつないで食堂街を走っていくと、海だった場所には水がなくなり、草原に戻っている。「私はこの先には行けない。千尋はもと来た道をたどればいいんだ。でも決して振り向いちゃいけないよ。トンネルを出るまではね」とハク。「ハクは？　ハクはどうするの？」と千尋が聞くと、「私は湯バーバと話をつけて弟子をやめる。平気さ。本当の名を取り戻したから。もとの世界に私も戻るよ」と答える。「またどこかで会える？」と千尋。「ウン、きっと」とハク。「きっとよ」と千尋が確認すると、「きっと、さあ行きな。振り向かないで」とハクに言われて、千尋は不思議の世界を後にする。

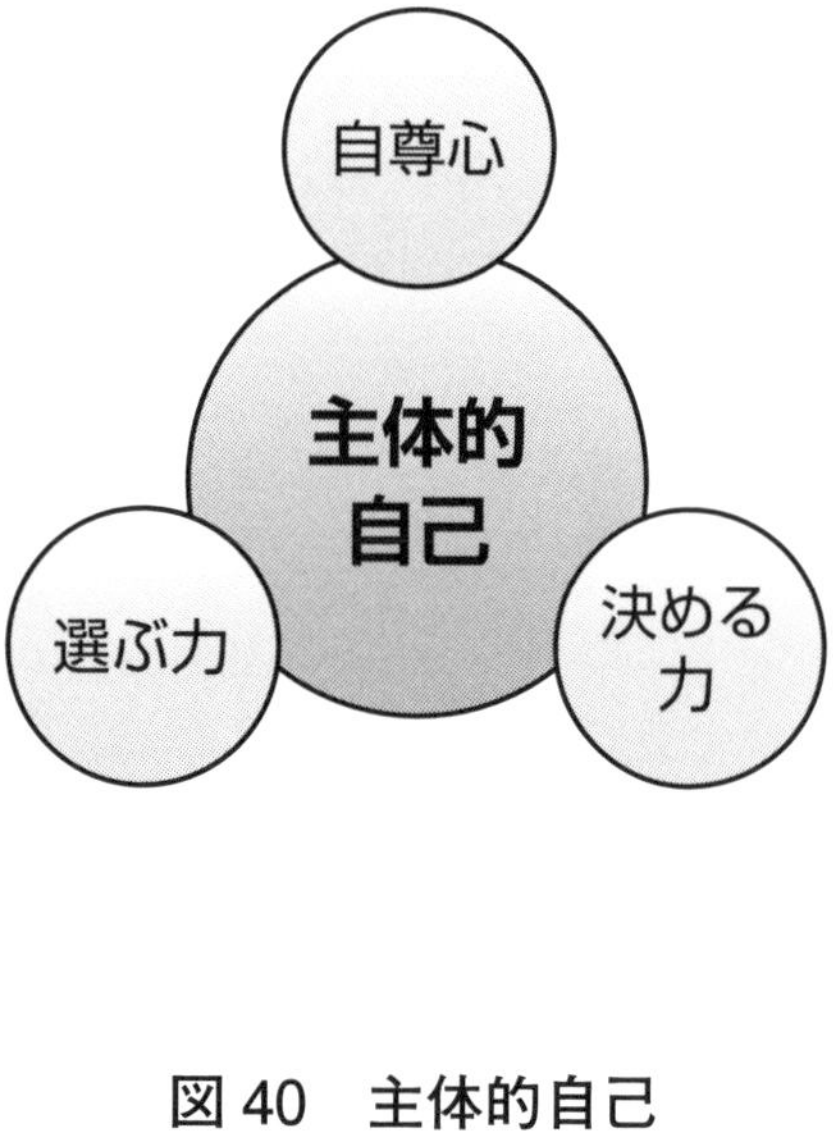

図 40　主体的自己

主体性の確立

人格の成熟とは、単に年をとることによって達成されるものではなく、人生の後半の課題と結びついて達成されることになる。

「成熟した人格」や**「健康な人格」**とは、

①自分の生活を意識的にコントロールできる

②自分は誰であり、自分は何者であるかをよく知っている

③現在にしっかりと結びついて生きている
④静かで安定した人生よりも、むしろ挑戦と興奮を伴う人生、新しい目標や新しい経験に向かう人生を歩もうとする
⑤他者を尊重し、自身を尊重できる
⑥自分の資質とつながる
⑦主体的に生きられる
⑧自分の人生に責任がもてる
⑨他者の視点に立てる（自分がやられて嫌なことは相手にしないようこころがける）
⑩社会契約（社会ルール）が守れる
⑪時・所・位を内在化する

などであろう。

ウィニコットは「健康な人間は、その時点の年齢に応じた情緒的成熟を示す。個人は成熟することによって、徐々に環境に責任を持つようになる」と述べている。「時・所・位」の内在化とは、自己を確立するうえで大切な羅針盤の役割を担っているわけだが、社会生活をおくるその時々の時空に応じ、自らの立ち位置を獲得していく作業である。千尋は両親不在のなか、他者の助けによって、見知らぬ世界で自己を確立していくことになった。自己の確立とは、社会の中で自らの立ち位置を内在化された羅針盤を頼りに形作っていく作業とも言えよう。

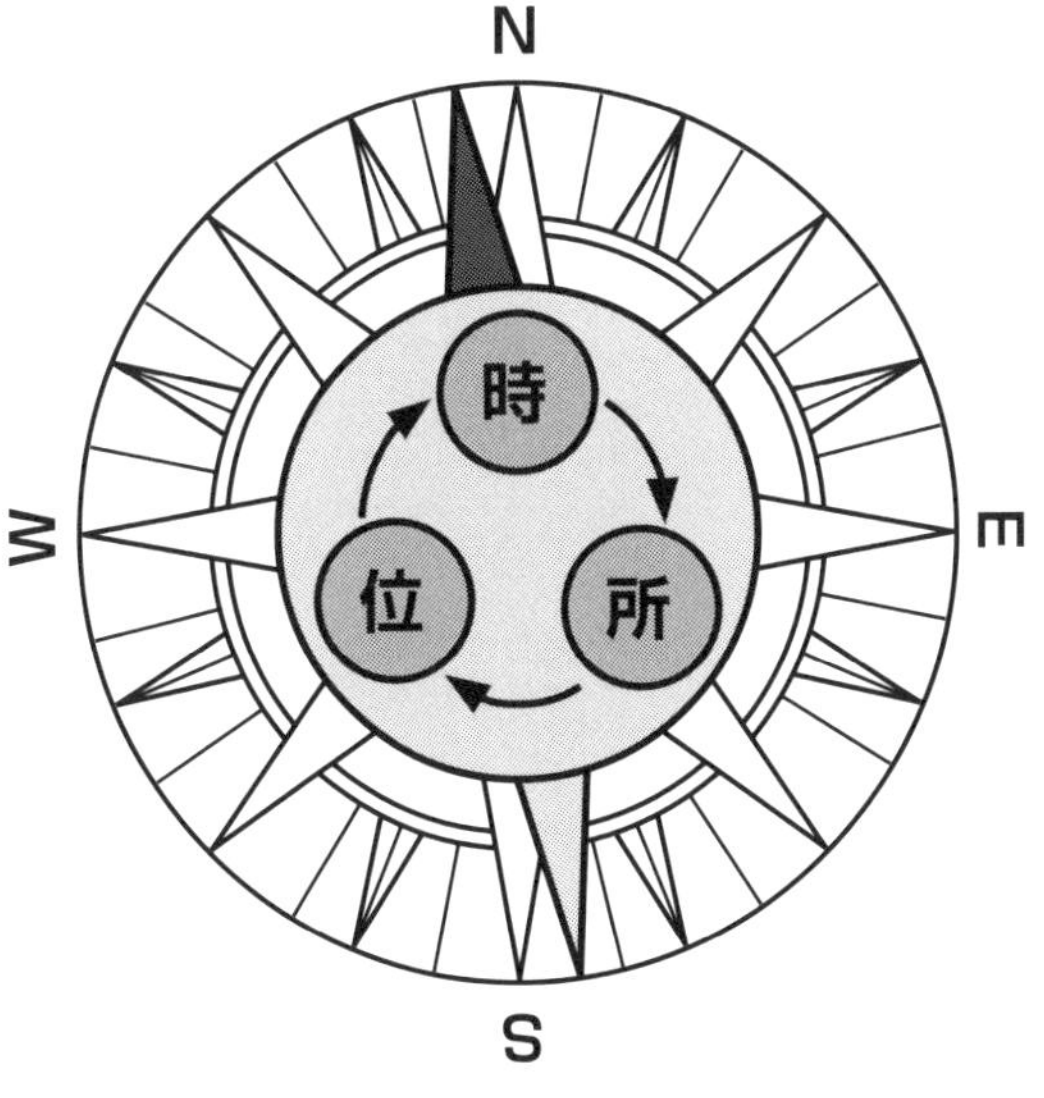

図 41　自己の確立（時・所・位の内在化）

Q&A

〈質問〉坊がしっかり立って歩けるようになったのは、どうしてですか。

〈回答〉千尋と一緒にゼニーバの所まで旅をしたことが坊を成長させました。自分で選んで決める体験をしたことや、千尋を助けたり、仲間と協力し合ったことで坊の心身が育ったことが主な要因です。


〈質問〉千尋は湯バーバのことをどうしておばあちゃんと呼ぶようになったのですか。

〈回答〉以前は、支配者である湯バーバに対して機嫌をそこねないよう注意する必要がありましたが、湯屋を離れ、ゼニーバや仲間たちが紡いでくれた髪どめをつけたことで、〝きずな〟が感じられるようになりました。以前は怖い存在だった湯バーバが、普通のおばあちゃんにしか感じられないようになりました。


〈質問〉千尋はどうして豚たちの中に両親がいないことがわかったのですか。

〈回答〉夢の中で、千尋は豚の中から両親を見分けることができませんでした。その当時の千尋は、湯バーバがネズミを坊と見抜けなかったのと同じ状態にあったと思われます。千尋がゼニーバにハンコを返しに行って髪どめのお守りを作ってもらい身につけたこと、その帰りにハクとトラウマ（心の傷）を共有できたことが千尋の心を成長させました。豚たちの中に両親がいないとわかったのは、千尋が両親の内面を察することができるようになっていたからです。


〈質問〉どうしてハクは千尋に「ふりむかないで」と言ったのでしょうか。

〈回答〉思春期は、子どもから大人になる途中にある不思議の世界です。子どもが自らの過去に支配され続けていると大人になることができません。そのため、ハクは千尋に過去を振り返らずに未来の希望に向かって歩いていくよう伝えたのでしょう。トラウマは、その人の主体性を奪うものです。トラウマから回復した人間は、トラウマに支配されていた過去の自分に対して喪に服す必要があります。過去のトラウマに囚われず、未来に向かって進んでいきなさいといった意味合いも含まれていました。

第21章

子どもの時間と大人の時間

海は草原になり、トンネルの出口が変わる

〈物語の読解〉

千尋が草原をかけおりていくと、「千尋!」と呼ぶ母親の声が聞こえ、建物の前に両親が手を振っている姿が見える。「なにしてるの、早く来なさい」と母親が千尋を呼ぶと「お母さん! お父さん!」と千尋は駆け寄っていく。「だめじゃない、急にいなくなっちゃ」と母親が千尋に文句を言うと「行くよ」と父親が促す。「お母さん、何ともないの?」と千尋が心配そうに聞くと、「ええ?」と逆に聞き返されてしまう。「引っ越しのトラック、もうついちゃってるわよ」と母親が言う。千尋は後ろを振り向こうとするが、ハクの言葉を思い出し、父親の後を追いかける。

来た時にあった待合室はなくなり、赤いモルタル製の壁も時計も看板もなくなっている。トンネルの中に入ると、「足元、気をつけな」と父親、「千尋、そんなにくっつかないでよ、歩きにくいわ」と母親が文句を言う。トンネルの出口に到着すると、「あれ?」とかけ出す父親。「なあに?」と母親。車には枯れ葉がつもり、中もほこりだらけになっている。「いたずら?」と母親。「かなあ?」と不思議がる父親。「だから嫌だって言ったのよ」とまた母親が文句を言う。

千尋はひとりトンネルのほうを見つめている。エンジンがかかる音がして、「オーライ、オーライ、平気よ」と母親の声がしている。「千尋、行くよ」と父親。「千尋、早くしなさい」と母親。こうして千尋は人間に戻った両親と共に不思議の世界を後にする。

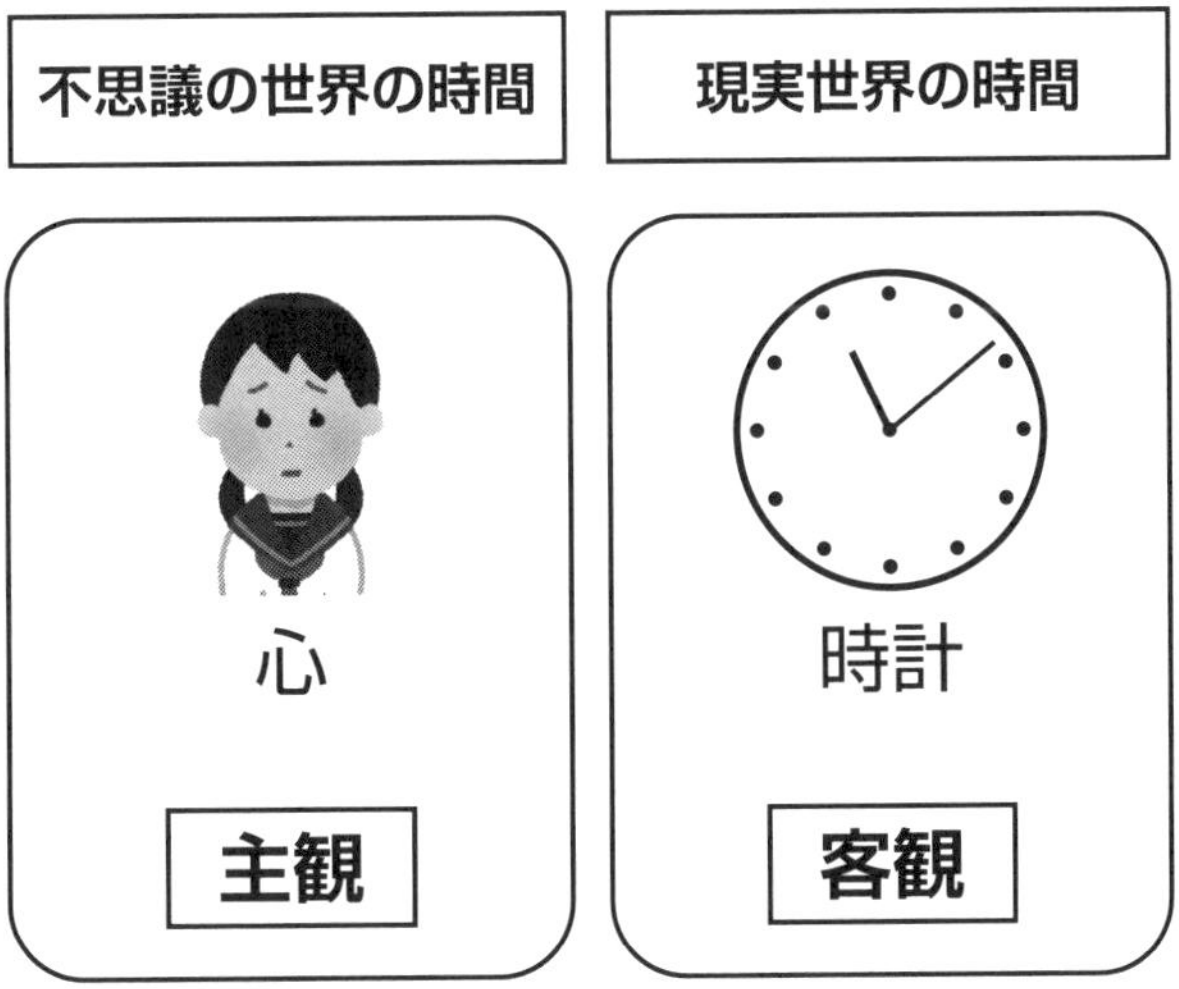

図 42　不思議の世界と現実世界の時間

子どもの時間と大人の時間

子どもの一日の長さと大人の一日の長さを比べてみると、同じ時間が流れているのに、子どもの一日の長さのほうが大人の一日の長さよりもずっと長く感じられるのはどうしてだろうか。千尋が体験した不思議の世界での時間は、実際の時間よりも短かったことが作品の中から読みとれるわけだが、これは一体どういうことだろうか。

思春期は、当事者にとっては、永遠に続くようにも思えるほど長い時間であり、大人にとっては一瞬とも思える短い時間である。

大人になってもお母さんが作ってくれた味噌汁の匂いや朝のごはんを炊く香りなどは鮮明に覚えていていつまで経っても色あせない記憶だが、不思議の世界で流れる時間はそのようななつかしい思い出の時間と共通しているようだ。おふくろの味は、私たちが子どもの時にお母さんが心を込めて作ってくれた食事の味だ。お母さんが、まな板で野菜を切る音や夕餉の香りはいつでも思い出せる懐かしい身体記憶である。また心的外傷であるトラウマによるフラッシュバックは、その時の記憶を芋づる式によみがえさせるものである。

どちらの記憶も遠い昔の記憶であり、当時の時間は長かったにもかかわらず、今現在でも瞬時に思い出すことのできる鮮明な記憶である点が共通している。

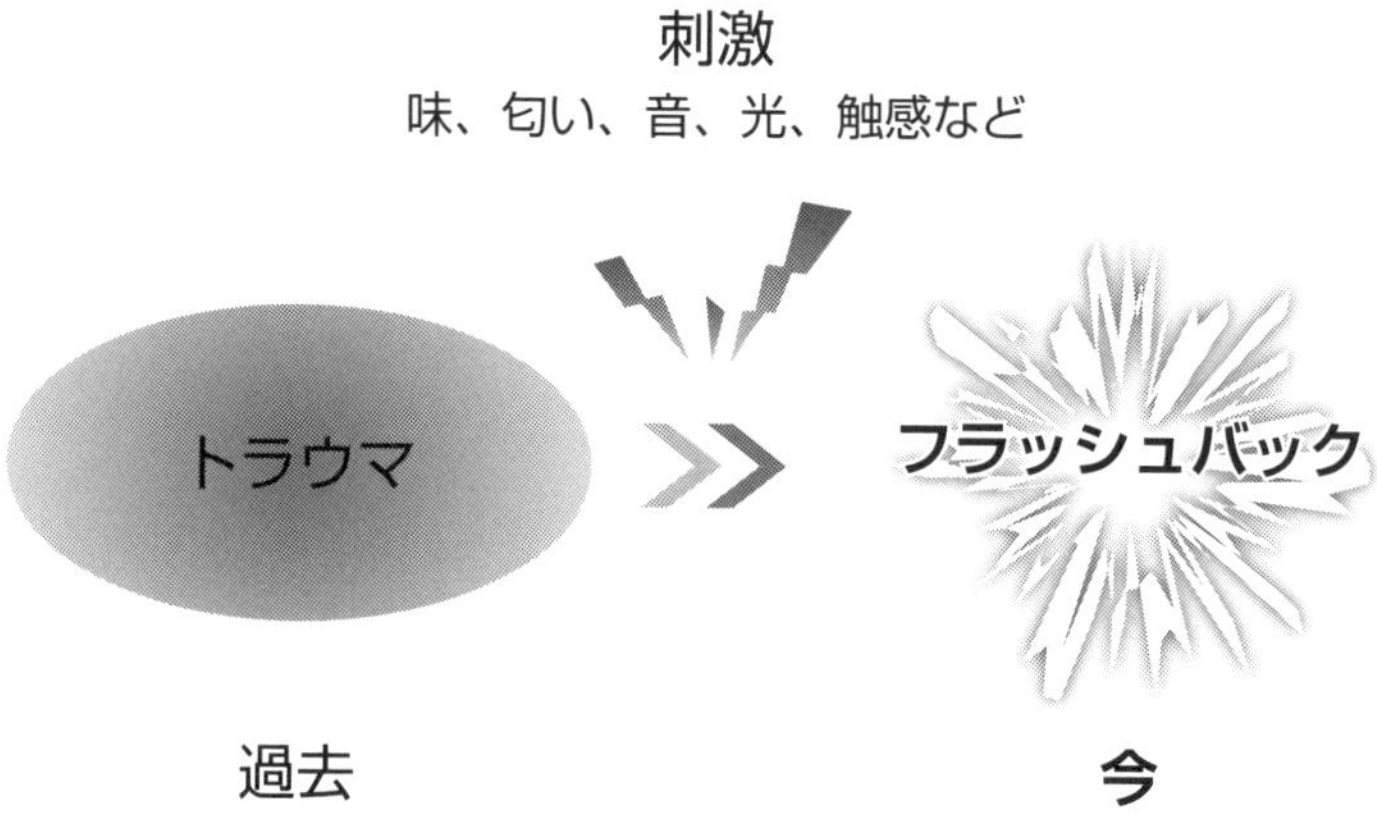

図43　フラッシュバックの時間感覚（瞬時）

これらからわかるように、人間の時間感覚は、客観的な時計が刻む時とは、異なる感覚なのである。

Q&A

〈質問〉千尋の両親は不思議の世界のことを何も覚えていないのですか。

〈回答〉千尋の両親は豚になる前のことは覚えていますが、豚でいた間のことは何も覚えていません。よって、不思議の世界のことは何も覚えていません。

〈質問〉千尋の両親がトンネルの中で、行きと帰り同じ言葉を発しているのはなぜですか。

〈回答〉千尋の言葉に耳を傾けることのない自分勝手な両親は、未熟な人格の持ち主です。不思議の世界で成長を遂げた千尋は、両親の言葉を主体的に聞けるようになっています。両親を元の人間に戻すことができた**千尋は、両親よりも大人になった**と言えます。行きと同じ両親の言葉を千尋は余裕を持って聞き流せるようになりました。

〈質問〉トンネルに入る時の赤いモルタル製の壁が、どうして出る時にはなくなっていたのですか。また、船の待合室のような部屋がなくなり、石像の顔もなくなっていたのはどうしてですか。

〈回答〉トンネルに入る時点で、すでにそこは不思議の世界の領域でした。千尋が思春期の課題を達成したことから不思議の世界は必要なくなり、モルタル製の壁も石像の顔も消えました。

〈質問〉トンネルを出た時に車の中が汚れてほこりだらけになっていたのはなぜですか。

〈回答〉思春期の世界は、子どもが内的成長を遂げていく時空です。おふくろの味を一瞬で思い出すように、大人になると、かつて自分が経験した思春期を一瞬として感じるようになります。千尋は不思議の世界で何日間もの時間を過ごしましたが、現実の世界での時間は一瞬でした。車が汚れていたのは、そこに不思議の世界の時間が流れていたからです。

第22章

神隠しの世界

八百万の神さまと日本人の心

『千と千尋の神隠し』は、千尋が不思議の世界で成長を遂げていく物語である。

八百万の神さまたちが船に乗ってやってきて心身を癒す場所が湯屋である。**八百万の神さまは日本人の心の象徴**であり、子どもが生まれ成長していく過程を見守ってくれる古から続く**日本人の心の拠り所**でもある。

湯バーバとゼニーバは双子の魔女であり、ゼニーバの言葉を借りれば、二人で一人前である。湯バーバは相手の心の成長に気づかない人物であり、ゼニーバは相手の心の成長を助ける人物である。湯バーバは魔法の力に頼って贅沢な生活をおくっているが、ゼニーバは魔法の力に頼らずに質素な生活をおくっている。一見、悪者に見える湯バーバだが、千尋に社会契約や働くことについて教え、社会性を身につけさせてくれた。

一方、湯バーバの姉ゼニーバは、他者への思いやりやトラウマについて教え、主体性を身につけさせてくれた。湯バーバとゼニーバのどちらが欠けても千尋は不思議の世界で成長を遂げることはできなかったに違いない。**両方のバランスがとれることが思春期の大きな課題**となる。

八百万の神さまの一人であるおしらさまは、大根（ルーツ）の神様であり、千尋が一人前になれるよう見守ってくれている。千尋が湯屋で働く機会を得て頑張ってきたことは、千尋の成長をこれまで見守ってきてくれた八百万の神さまへの恩返しともなっている。

主体性を身につけることは、大人として人生を歩んでいくうえで大切な原動力となる。

トラウマはその人の主体性を奪うことから、過去を思い出せない人は、時間をかけて過去の記憶を取り戻していく必要がある。

千尋の体が透けようとしていた時に、ハクが「不思議の世界の食べものを食べないとそなたは消えてしまう」と言ったのは、不思議の世界の食べものが成人式と同じようなイニシエーションの役割を担っていることを意味している。

胎児が胎芽と呼ばれる時期に太古の海水と同じ成分の母胎内で、魚類・両生類・爬虫類・鳥類・哺乳類と進化していくように、私たちのDNAは地球に生命が誕生した当時からDNAを受け継いできている。

不思議の世界は八百万の神さまたちが海を渡ってやってくる世界である。八百万の神さまたちは私たちの先祖と同じように日本人の心の象徴でもあることから、『千と千尋の神隠し』は見守られ成長していく子どもの心の成長をテーマにした作品と理解することができよう。

千尋は、当初、ニガ団子の力で両親を豚から人間に戻すことを望んでいたが、両親はニガ団子を食べずに人間に戻ることができた。両親が人間に戻れたのは、千尋が豚たちの中に両親がいないことを言い当てることができたからだが、これは千尋が不思議の世界で信頼できる**他者と出会い、主体性を獲得し、**外見に惑わされずに**本物を見分けられるまでに成長**したことを意味している。

千尋の成長は、すべての子どもたちの成長とも重なっている。不思議の世界における心の成長のテーマが、思春期の子どもの成長のテーマでもあることが理解できたのではないだろうか。

おわりに

筆者は大学院で心理学を学んだ後、精神科医の神田橋條治氏に師事し、こころの病を抱える人たちの治療に専念してきた。

神田橋條治氏から本書を出版するにあたり、「出したらよかろう」と推薦の言葉をいただいたこともあって、本書を世に出す決心を固めた。本書には一貫してよい気が流れているらしい。

筆者がジブリ作品から心理学を読み解くようになったきっかけは、臨床心理士の光元和憲氏による。光元氏も神田橋先生に師事する臨床家である。

『千と千尋の神隠し』は『霧のむこうのふしぎな町』がヒントになっていると聞くが、どちらの作品も思春期の子どもの心の成長がテーマとなっている。

思春期は人間にのみ存在する発達段階だが、それは、人間が社会的動物であり、大人になると、一人の主体的実存として社会で生きることが求められるようになるからである。子どもは思春期になると、それまで偉大に見えていた大人が、平凡な人間に見えるようになる。また、第三者の視点から自分を見られるようになって、他者が自分をどう見ているかが気になるようになる。孤独を知るようになるのもこの時期からである。

『千と千尋の神隠し』は、これまで見てきたように次の3つのテーマから成り立っている。**思春期のテーマ、PTSD（心的外傷）・トラウマのテーマ、愛着障害のテーマ**である。

不思議の世界に入った千尋は、親が豚になったことで、親に頼らずに生きていかざるをえなくなる。思春期に入った子どもの多くが、親に反抗するようになるのは、親の価値観を否定することで、自らの価値観を樹立しようとする試みでもある。千尋の場合も、親が豚になったことで、親の価値観が下落し、千尋自身の価値観を確立していく作業に入ることになる。

ハクは、湯バーバに支配され、主体性を奪われていたが、千尋と過去のトラウマを共有し、名を取り戻したことで、主体性を取り戻すことができた。それまでは優柔不断でなにごともひとりでは決められなかった千尋は、ハクをはじめ不思議の世界の人たちのおかげで、思春期の課題を達成することができた。

不思議の世界で千尋が過ごした時間は、現実では、短い時間だったに違いない。子どもの時間感覚というものは、大人の時間感覚とは異なっていて、子ども時代の一日が、大人になってからの一瞬として感じられることはよくある現象である。

本書は、筆者独自の観点でまとめた心理学のテキストであることから、宮崎駿氏の考えとは、多少違ったものとなっているはずである。筆者が学んだ心理学の基盤にフッサール現象学が置かれていることから、現象学的還元、本質観取、想像自由変更といった世界の読み取り方が本書では使われている。本書は、そういった現象学の考え方を応用していることを付け加えさせていただく。

文献

愛甲修子（2013）『脳みそラクラクセラピー　発達凸凹の人の資質を見つけ開花させる』花風社
阿満利麿（1996）『日本人はなぜ無宗教なのか』ちくま新書
D．W．ウィニコット（2005）『愛情剝奪と非行』西村良二監訳　岩崎学術出版社
E．H．エリクソン／J．M．エリクソン（2001）『ライフサイクル、その完結』村瀬孝雄・近藤邦夫訳　みすず書房
G．W．オルポート（1968）『人格心理学』上下　今田恵監訳　誠信書房
柏葉幸子（2004）『霧のむこうのふしぎな町』　青い鳥文庫
神田橋條治（2006）『『現場からの治療論』という物語』岩崎学術出版
ダウエ・ドラーイスマ（2009）『なぜ年をとると時間の経つのが速くなるのか―記憶と時間の心理学』鈴木晶訳　講談社
竹田青嗣（1993）『はじめての現象学』海鳥社
ジュディス・L・ハーマン（1996）『心的外傷と回復』中井久夫訳　みすず書房
福島章・町沢静夫編（1999）『人格障害の精神療法』金剛出版
三木成夫（1983）『胎児の世界―人類の生命記憶』中公新書
光元和憲（2013）『母と子への贈物　ジブリ宮崎駿作品にこめられた思い』かもがわ出版
宮本健作（1990）『母と子の絆―その出発点をさぐる』中公新書
村瀬嘉代子（2003）『統合的心理療法の考え方―心理療法の基礎となるもの』金剛出版

著者……愛甲修子（あいこう・しゅうこ）
臨床心理士。言語聴覚士。1997 年 千葉大学大学院修士課程修了。著書に『愛着障害は治りますか』『知的障害は治りますか』『脳みそらくらくセラピー』（単著）、『発達障害は治りますか』『自閉っ子のための友だち入門』『自閉っ子のための道徳入門』（共著）（以上、花風社）、『村瀬嘉代子のスーパービジョン』（共著）（金剛出版）、『心に沁みる心理学』（共著）（川島書店）、他多数。

装丁………佐々木正見
DTP 制作………ＲＥＮ
編集協力………田中はるか

言視BOOKS
【増補改訂版】アニメに学ぶ心理学
『千と千尋の神隠し』を読む

発行日❖2020 年 7 月 31 日　初版第 1 刷

著者
愛甲修子
発行者
杉山尚次
発行所
株式会社言視舎
東京都千代田区富士見 2-2-2 〒 102-0071
電話 03-3234-5997　FAX 03-3234-5957
https://www.s-pn.jp/
印刷・製本
中央精版印刷㈱

ISBN978-4-86565-185-0 C0311